AF600821

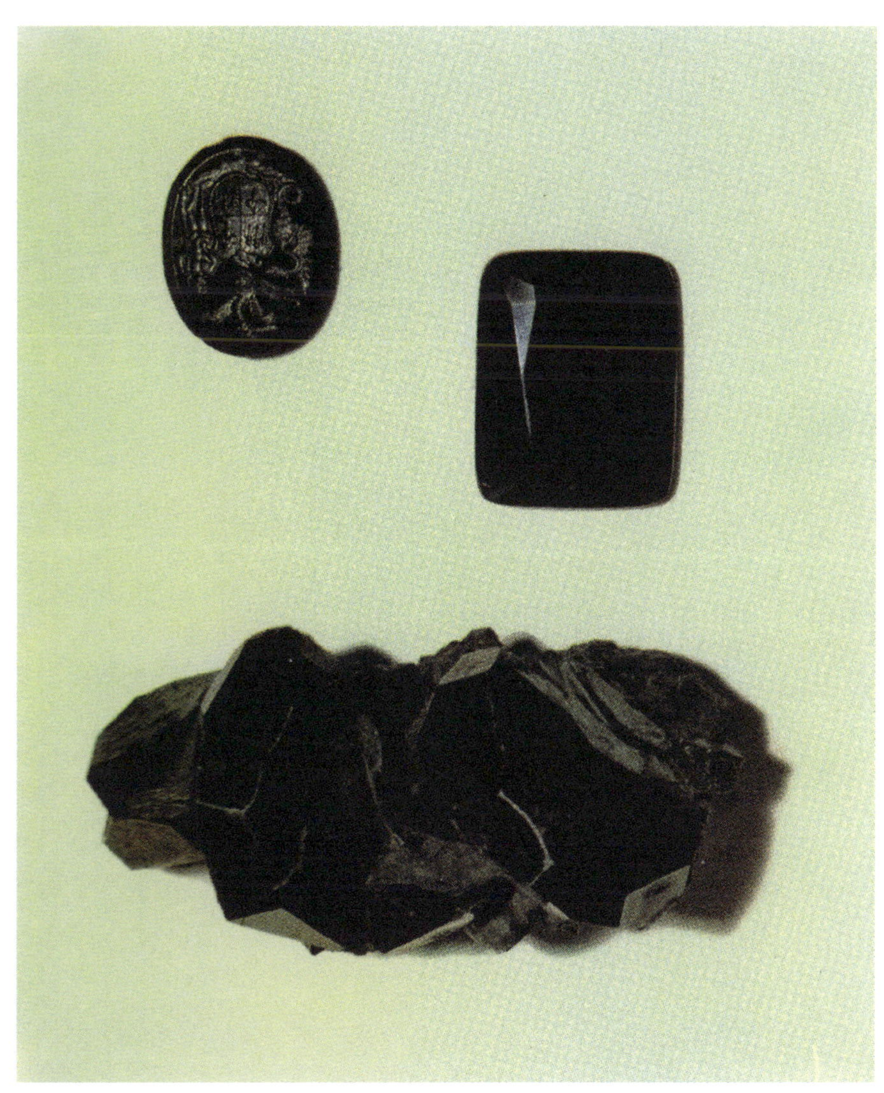

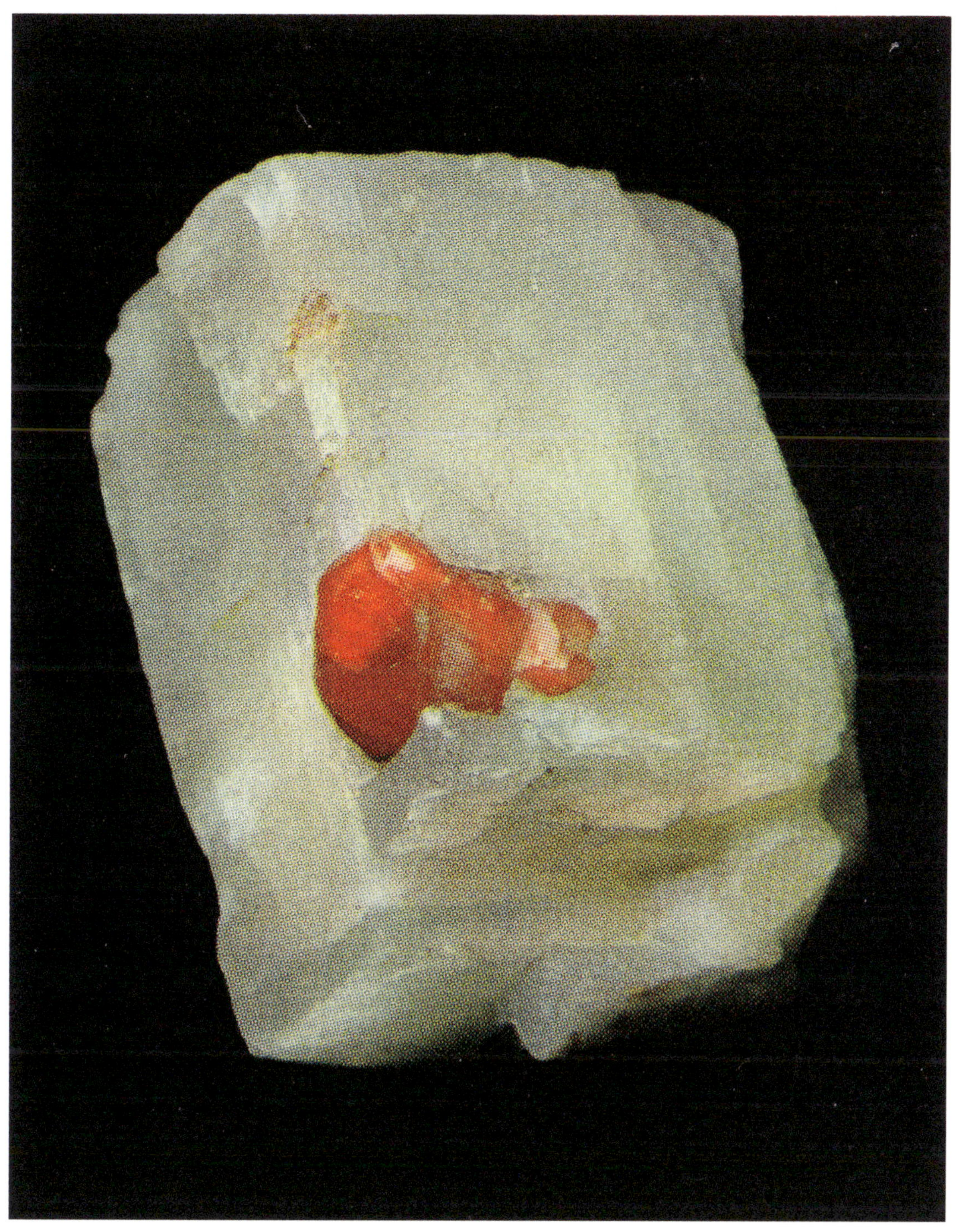

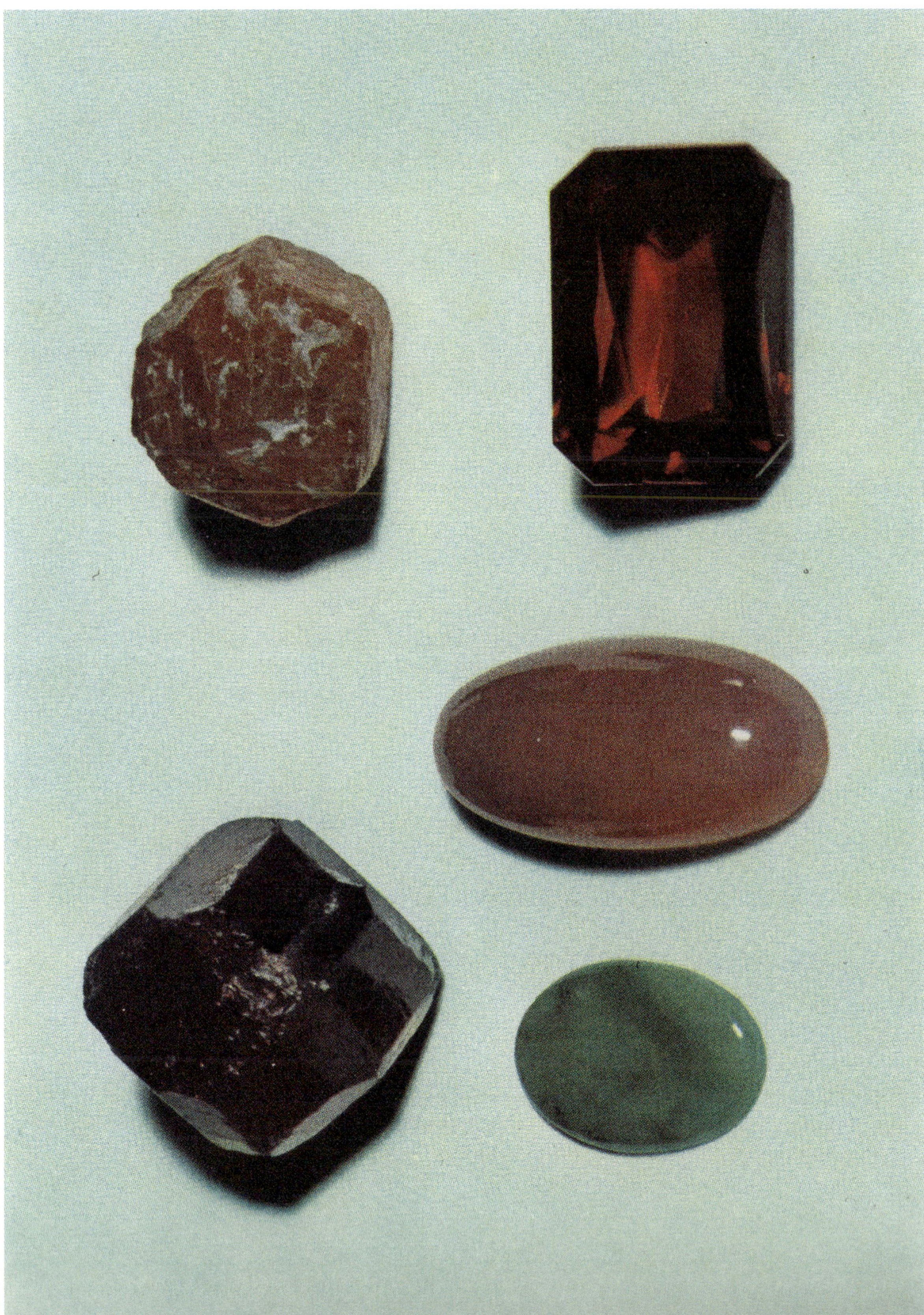

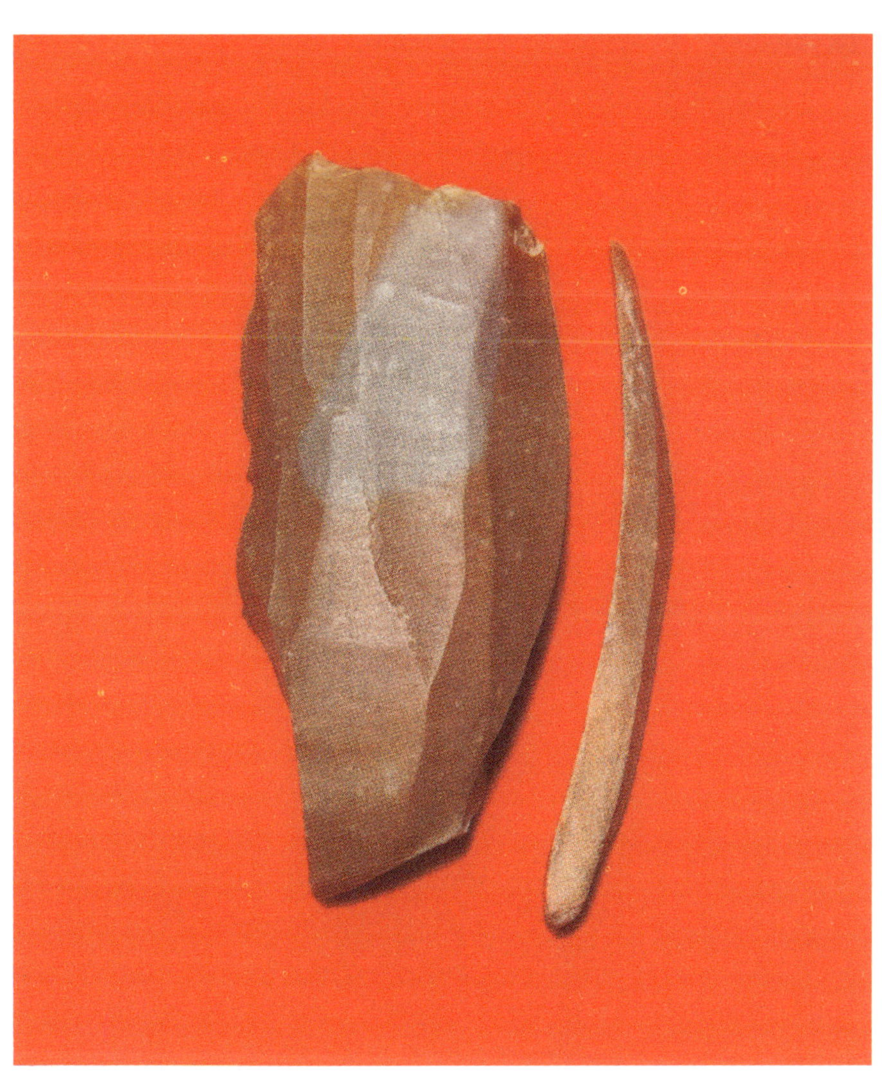

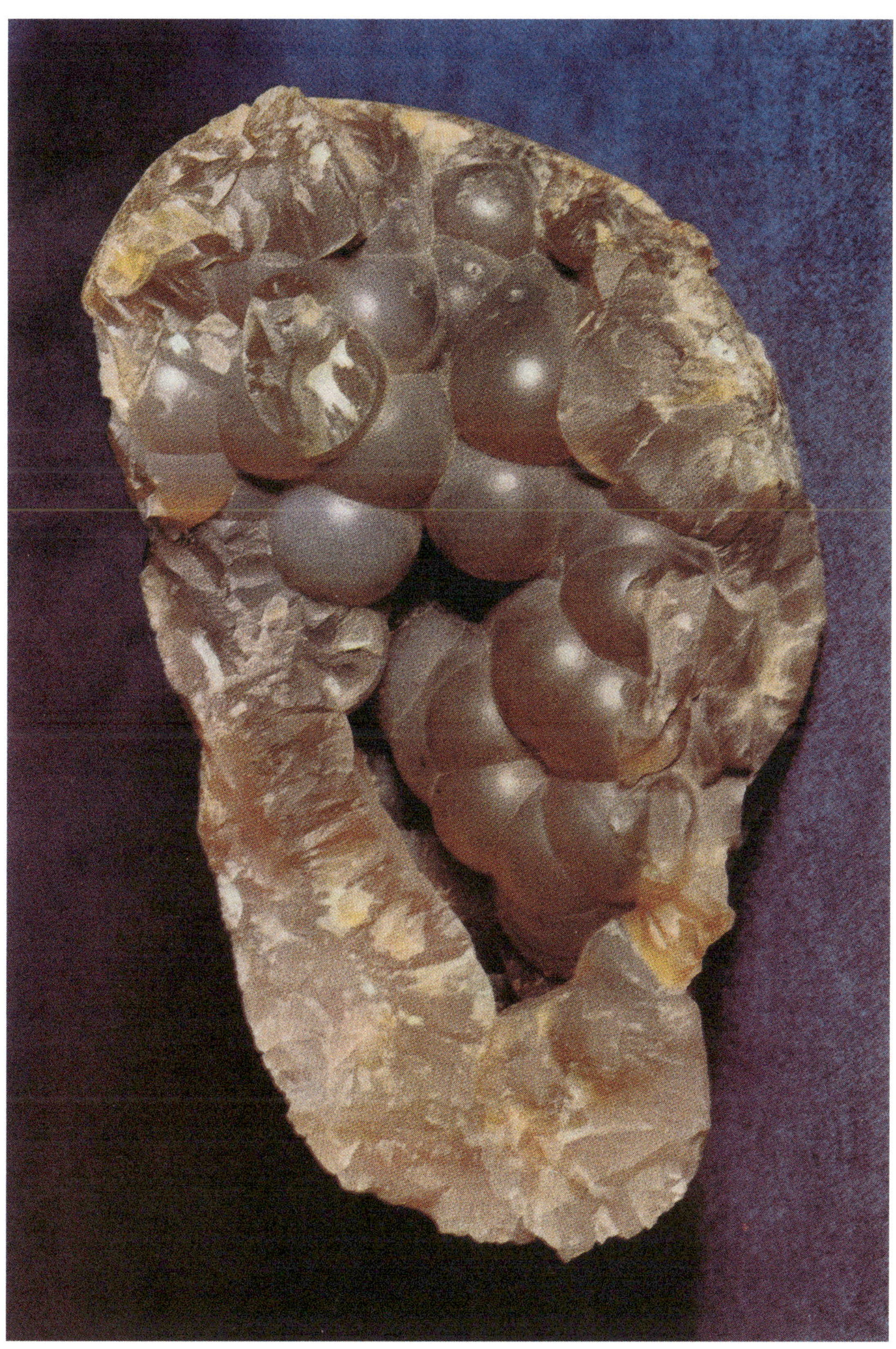

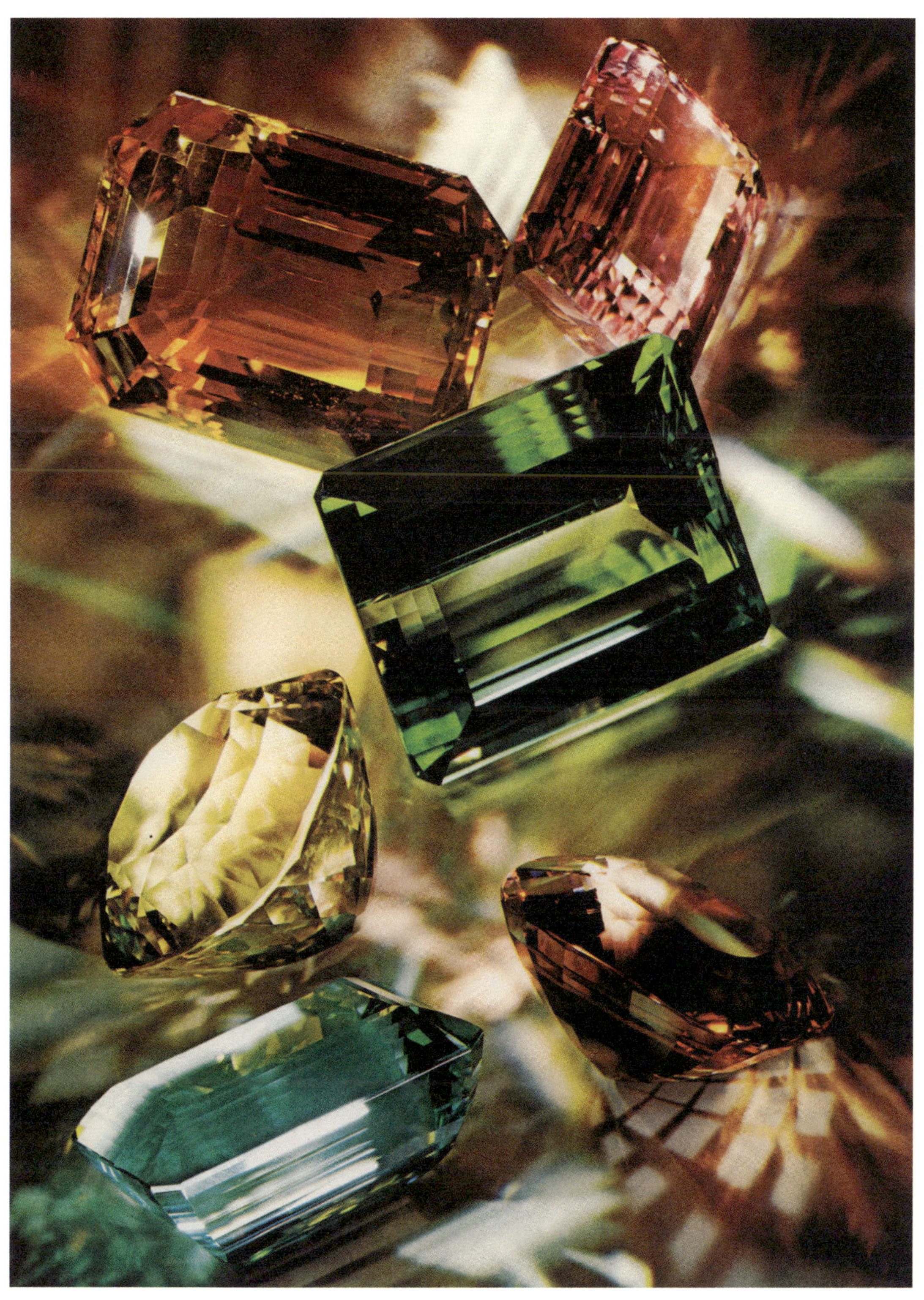

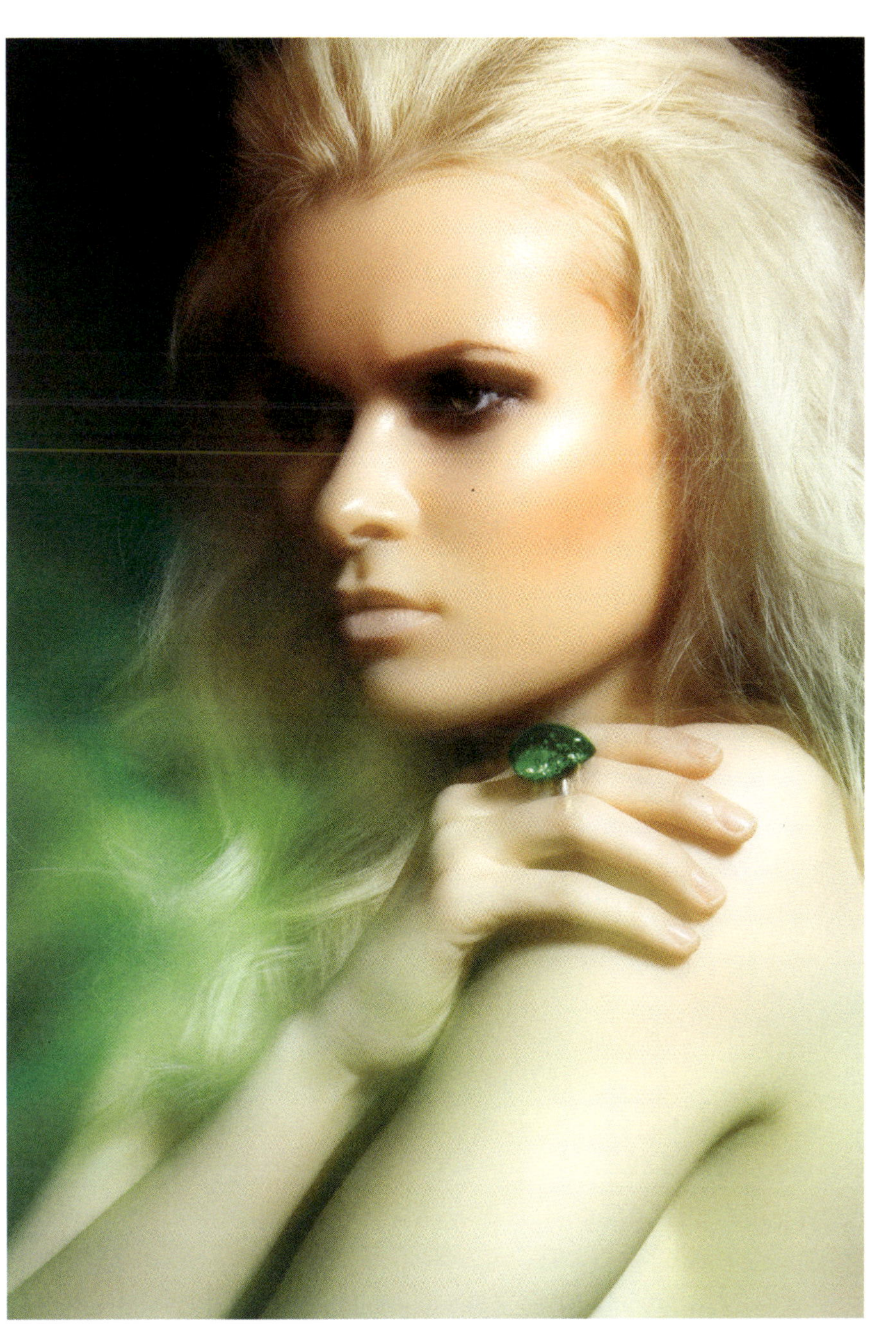

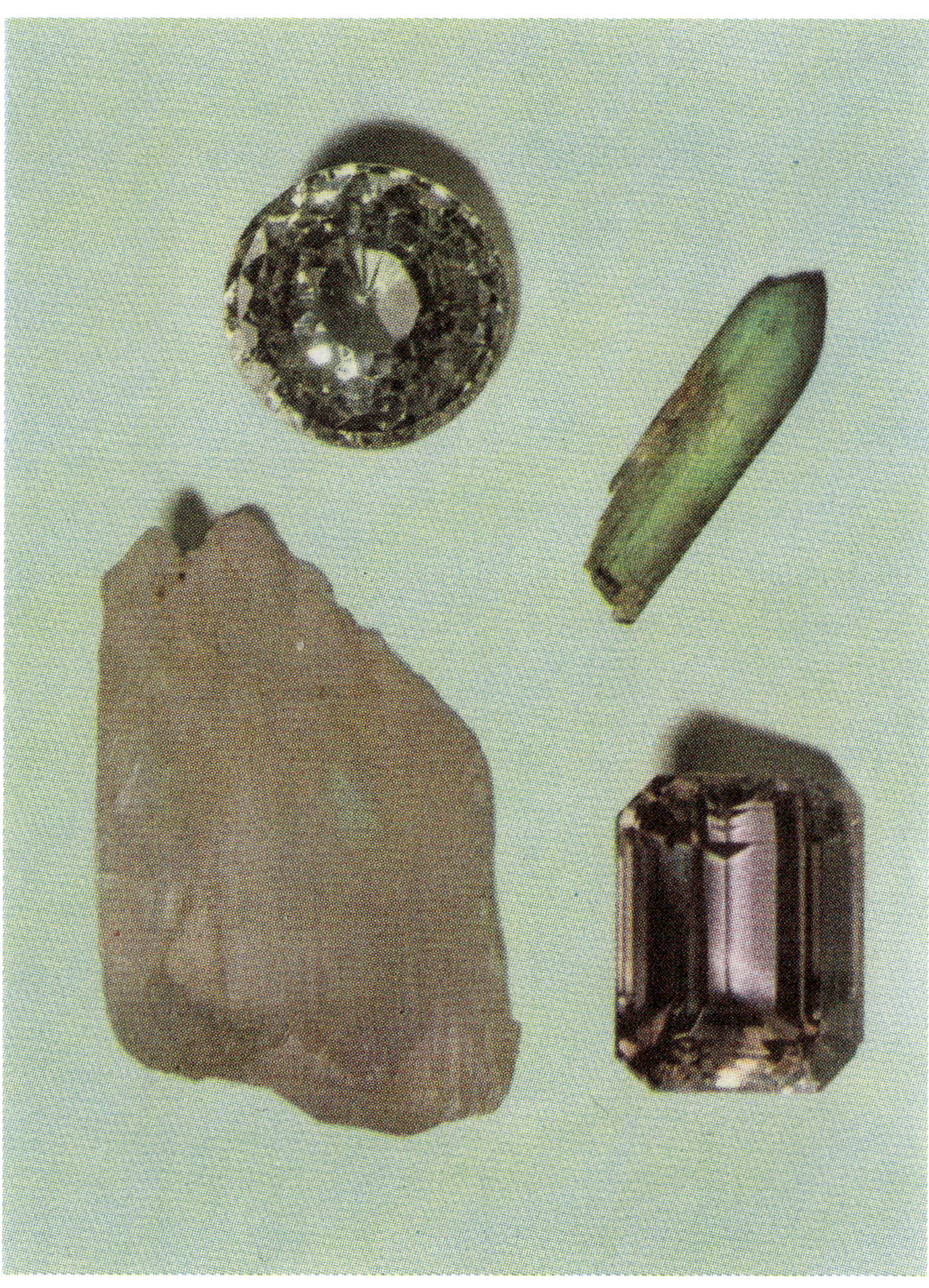

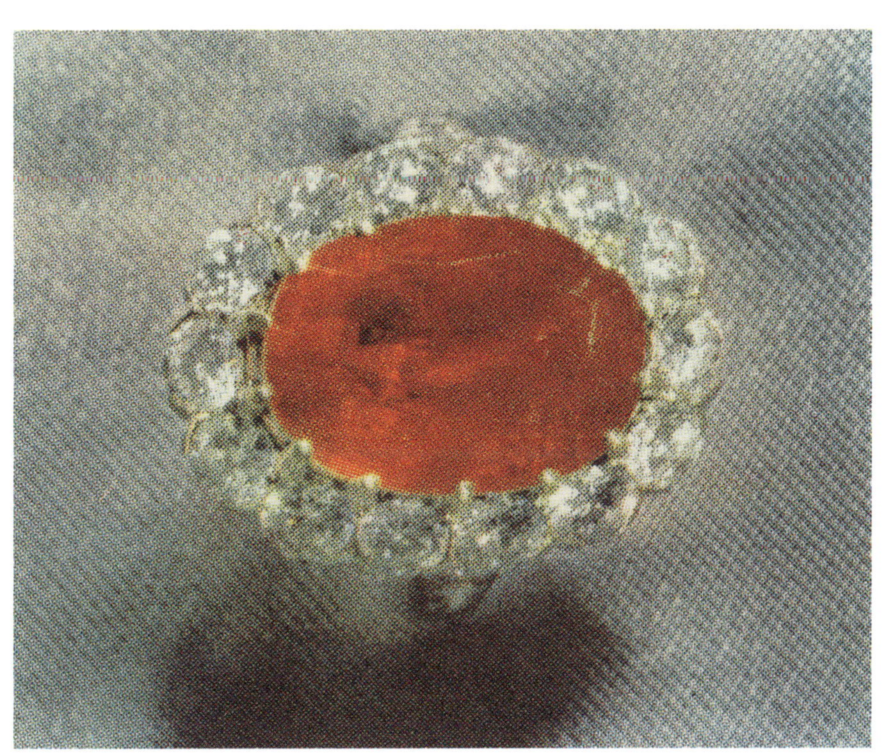

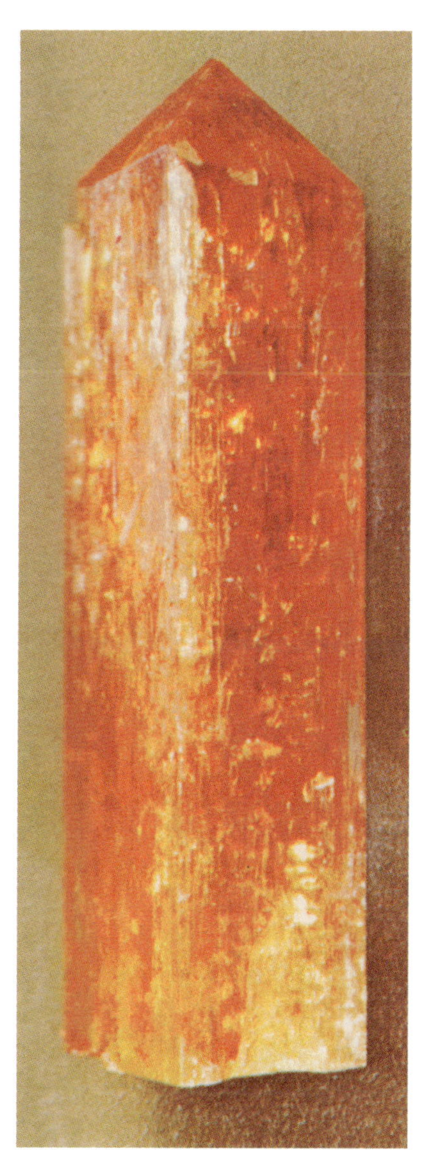

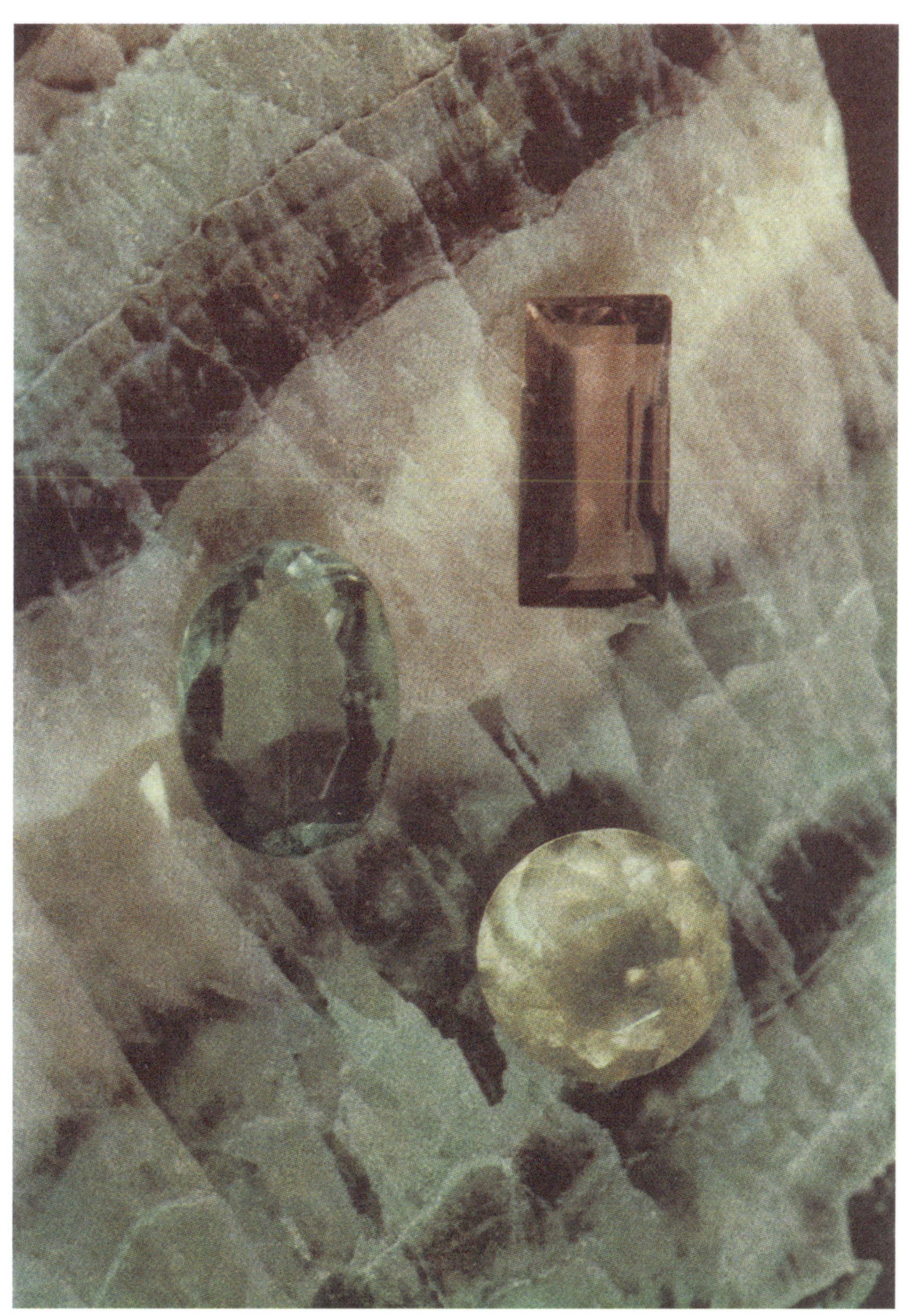

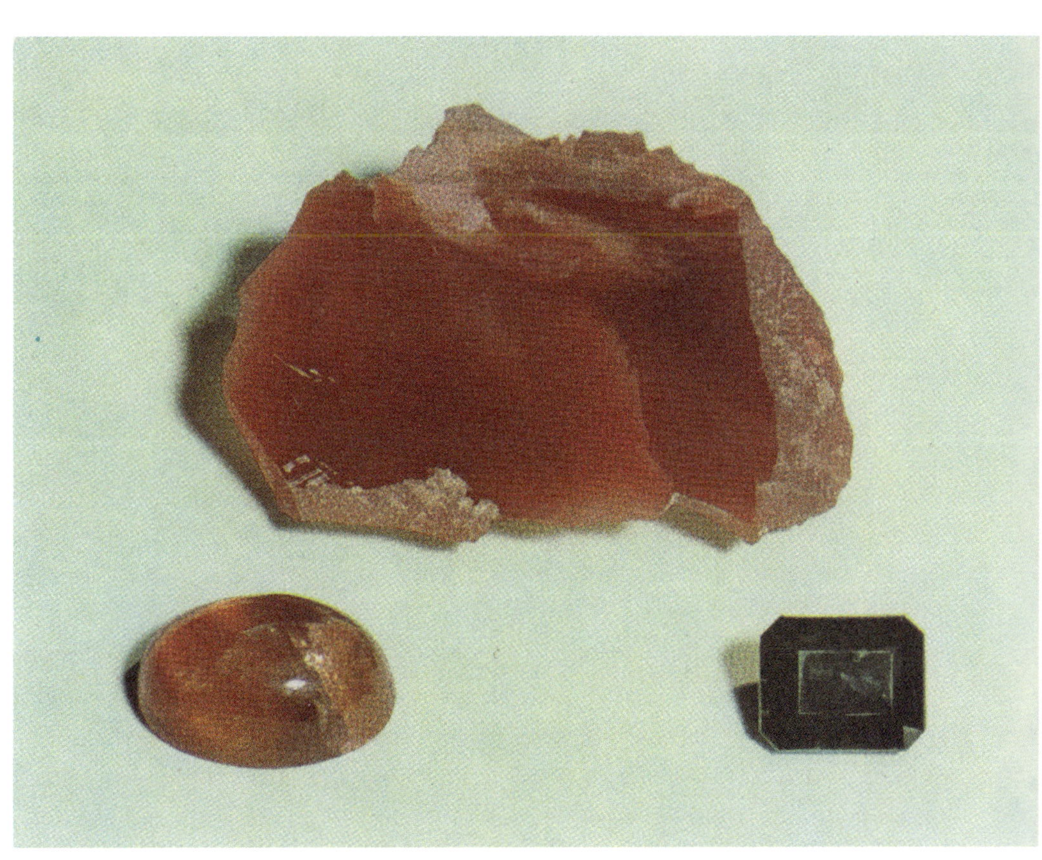

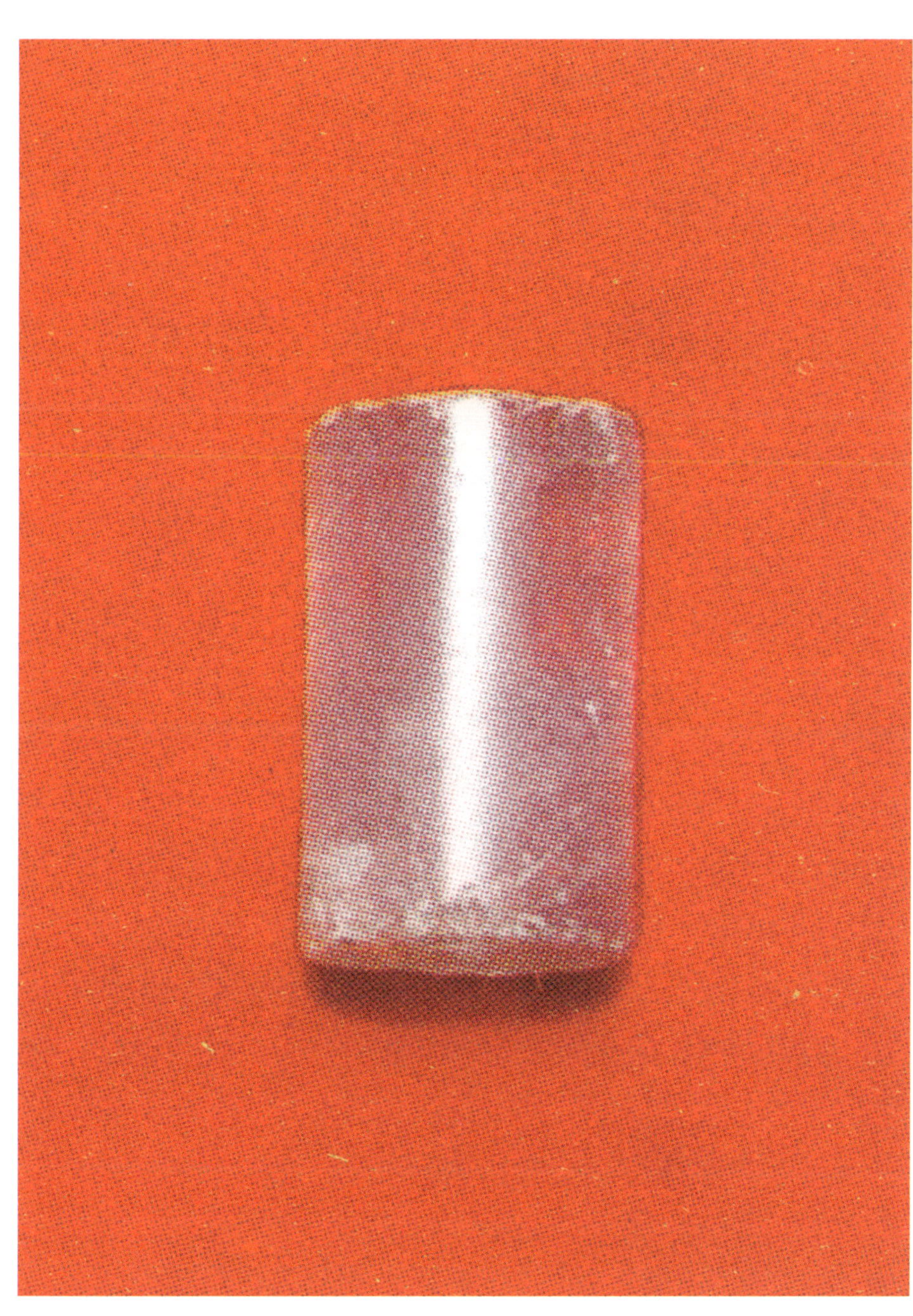

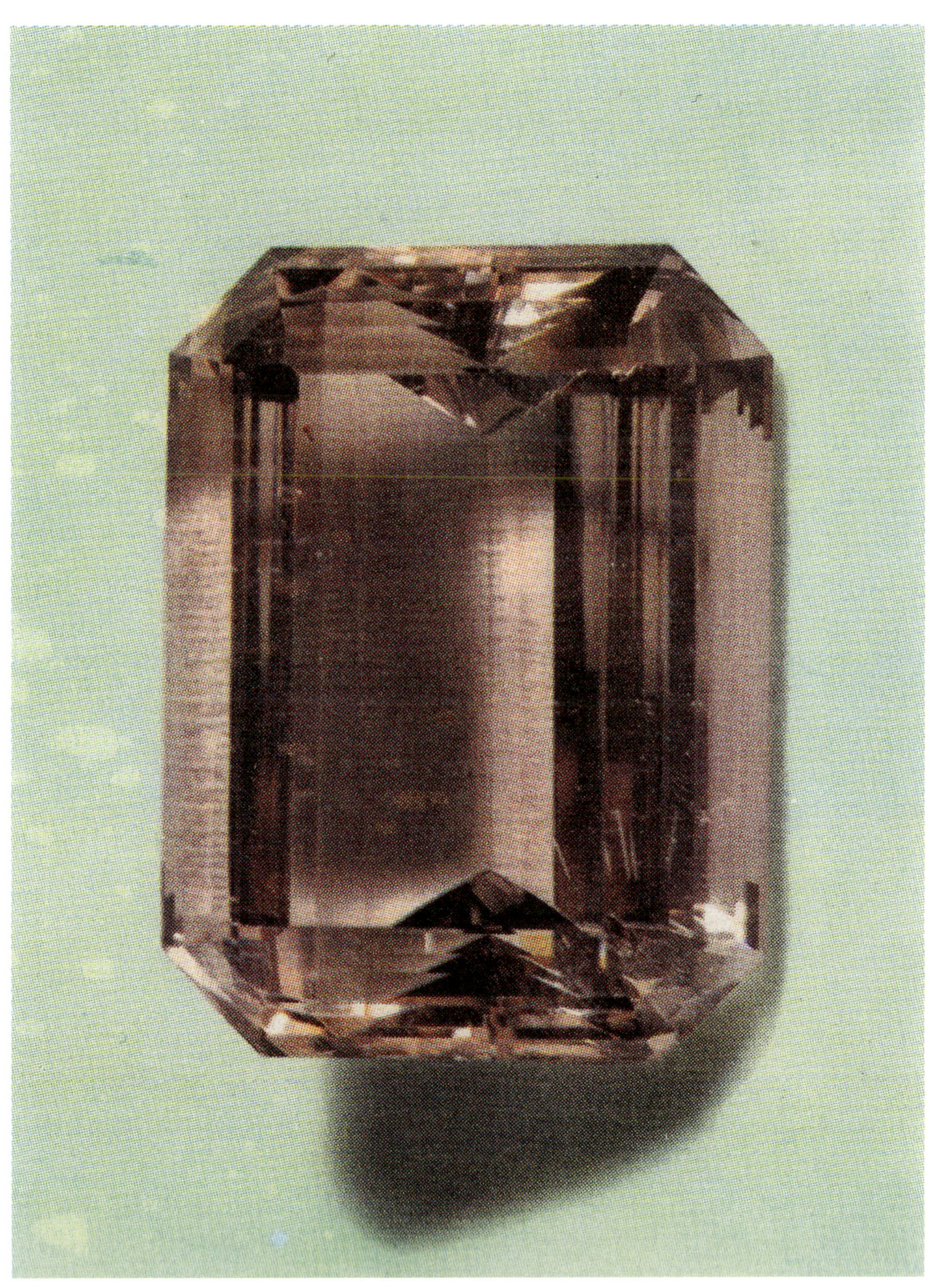

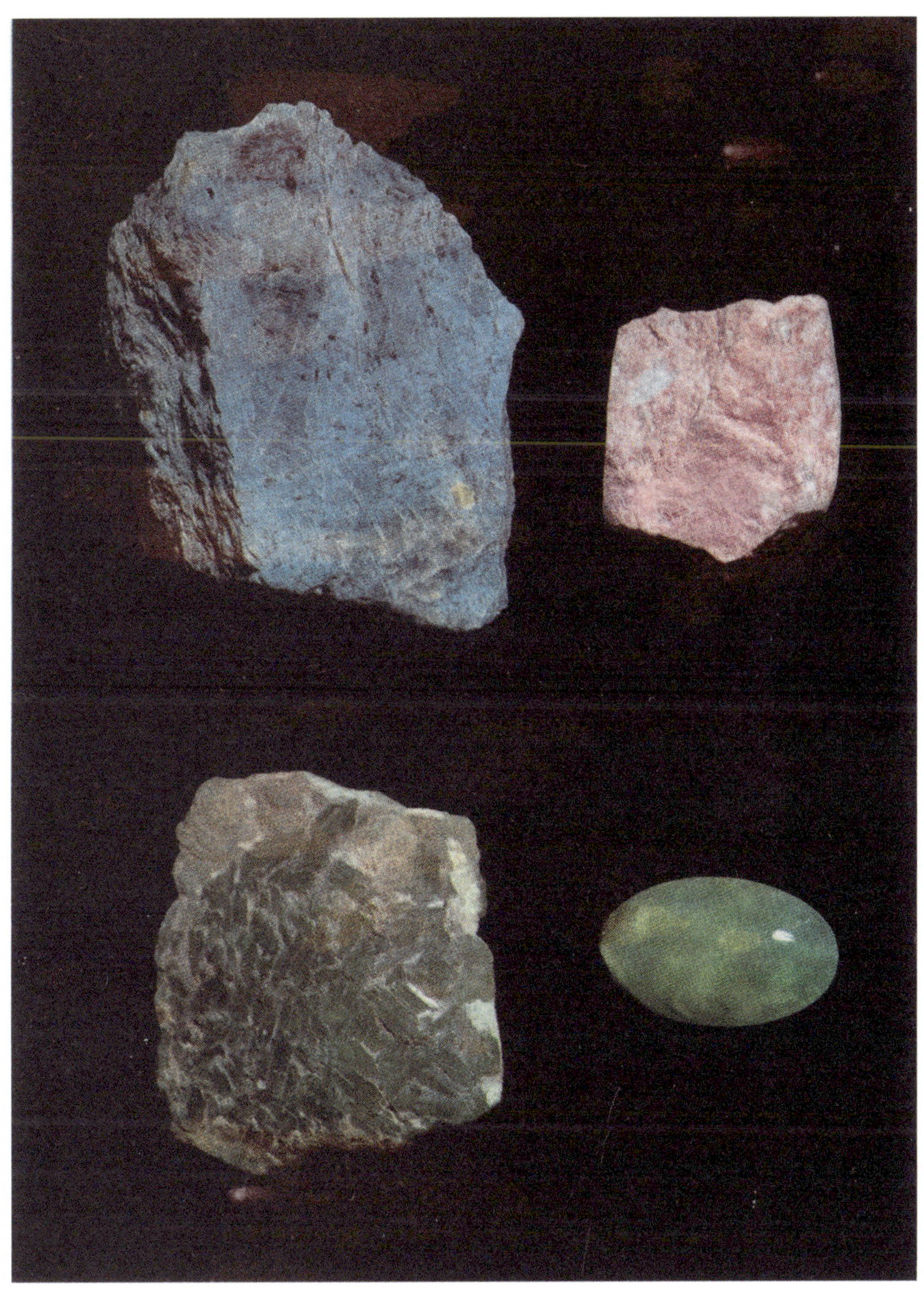

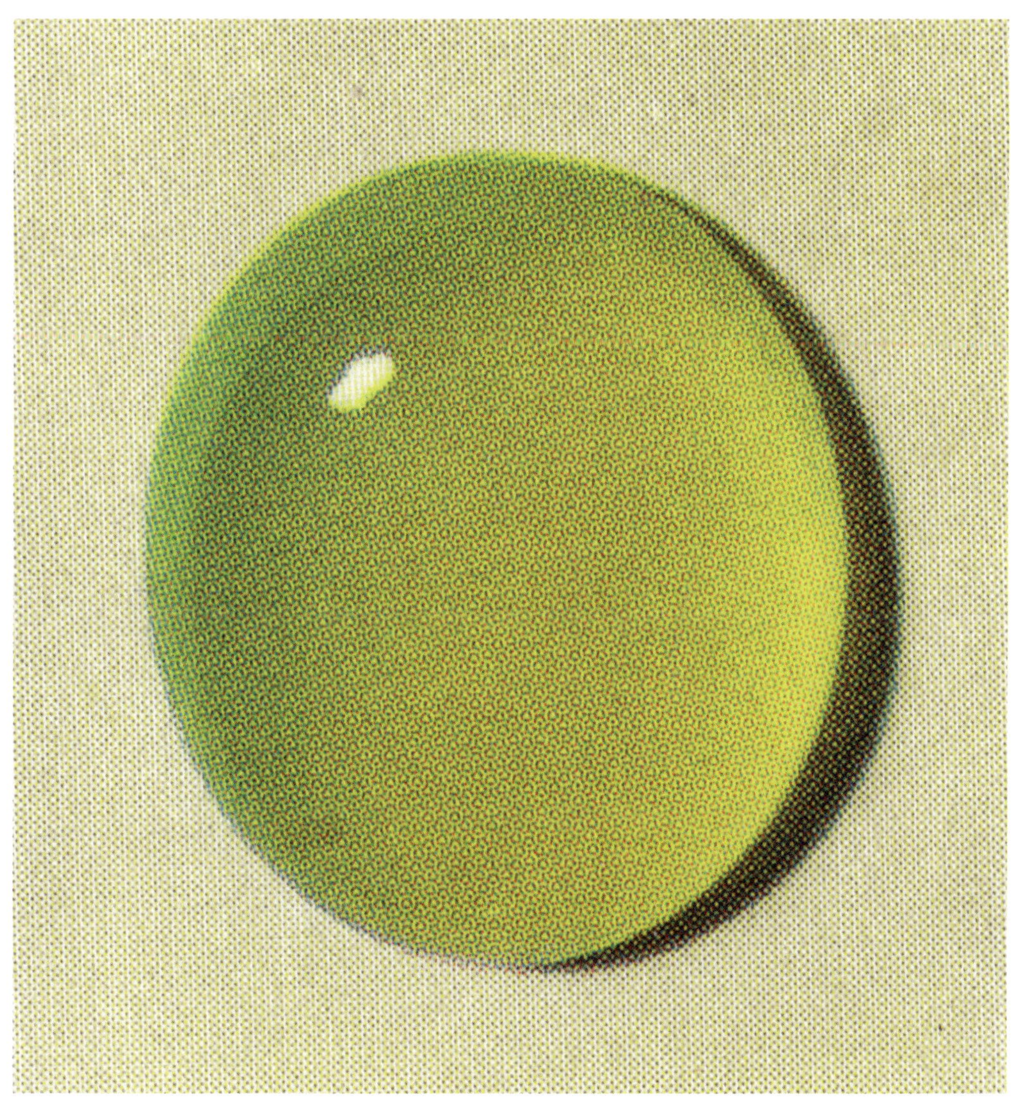

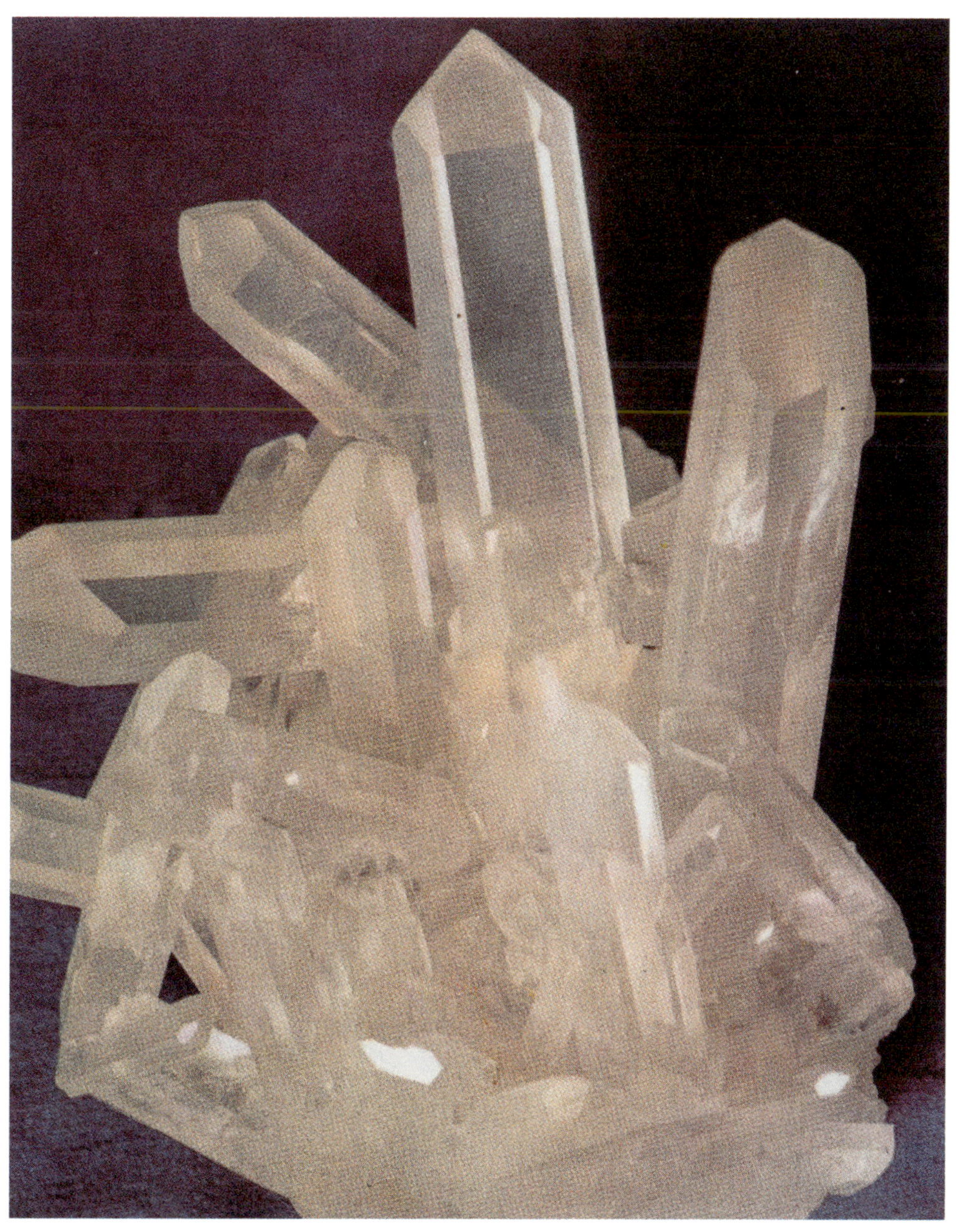

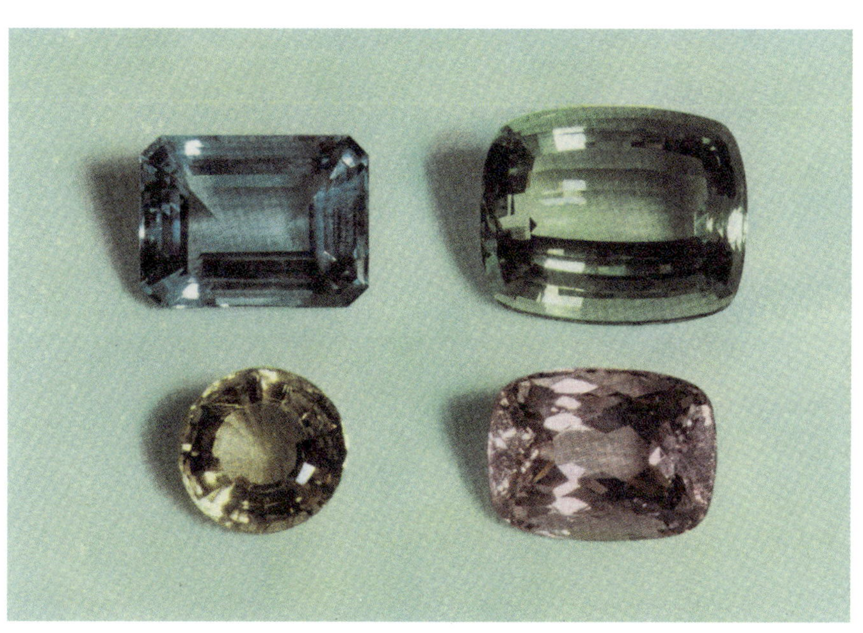

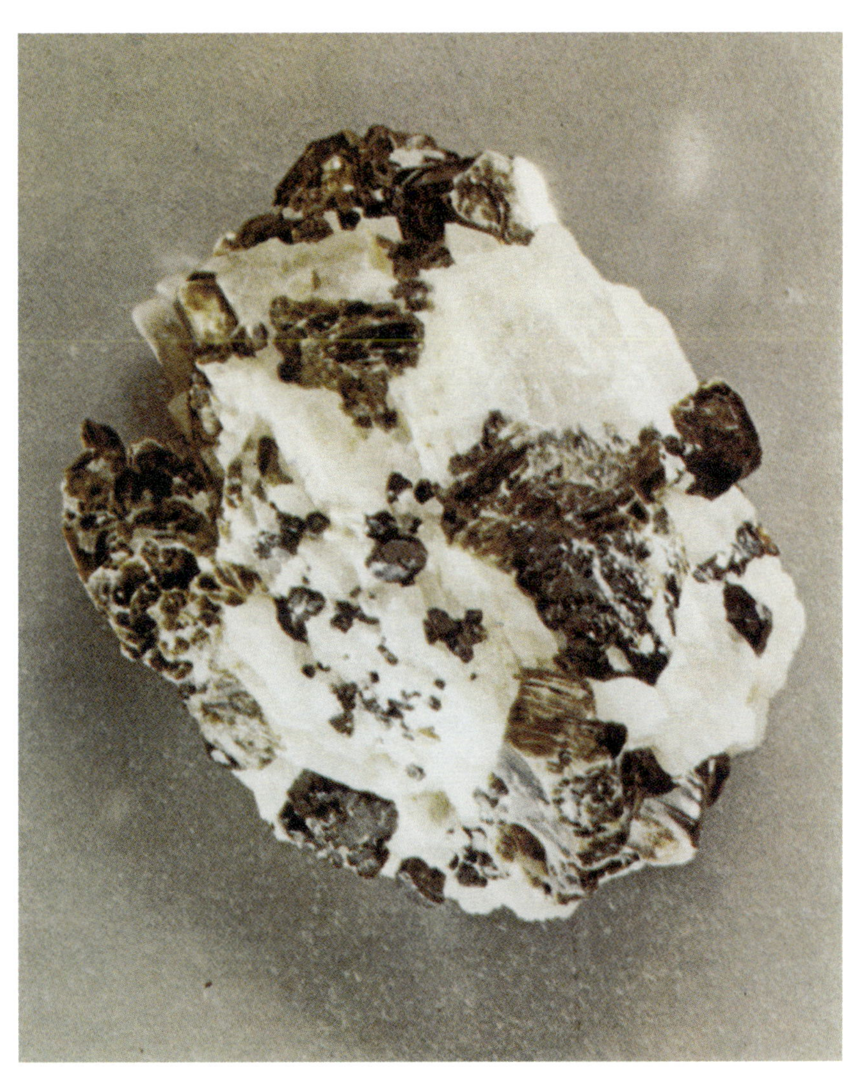

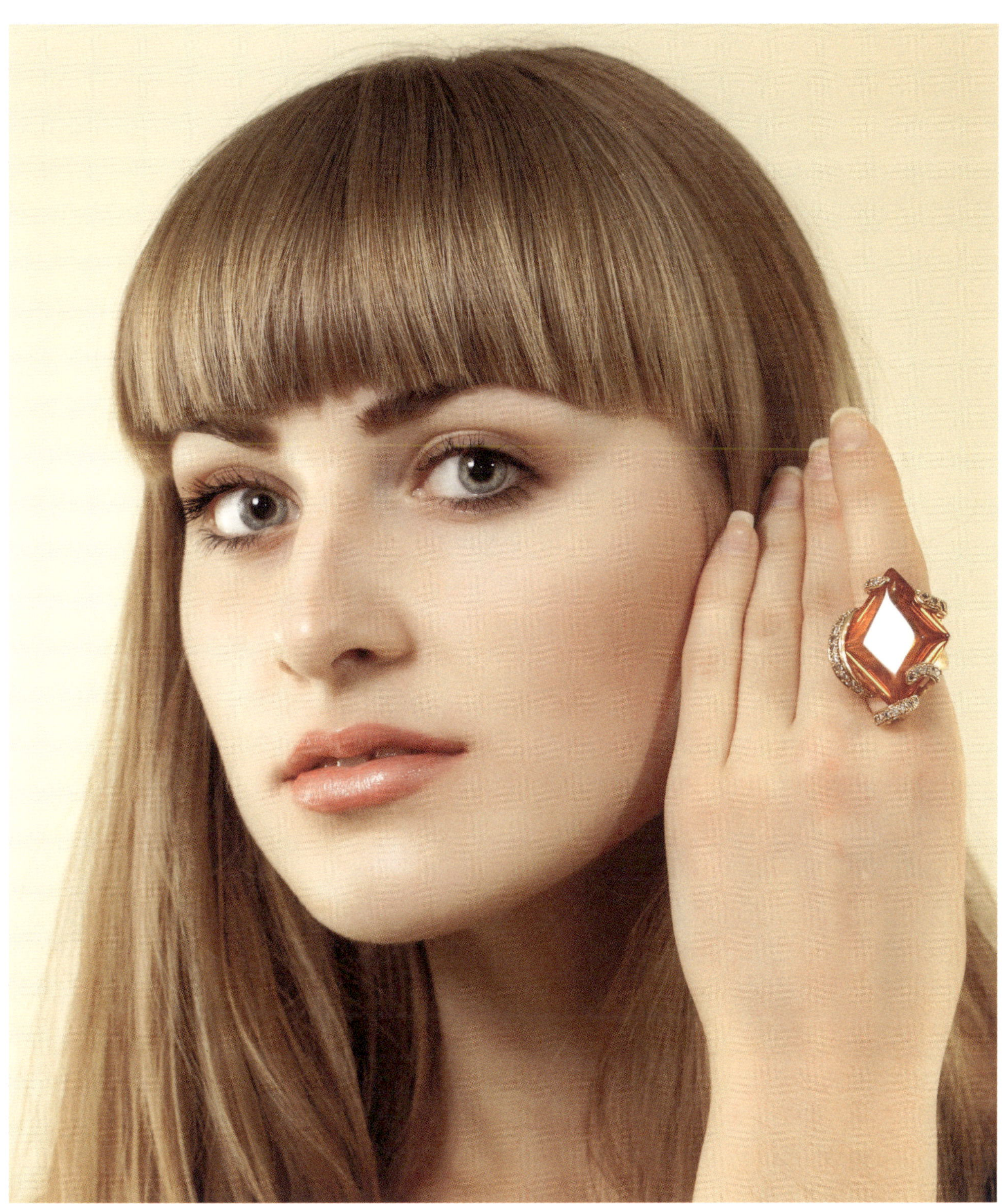

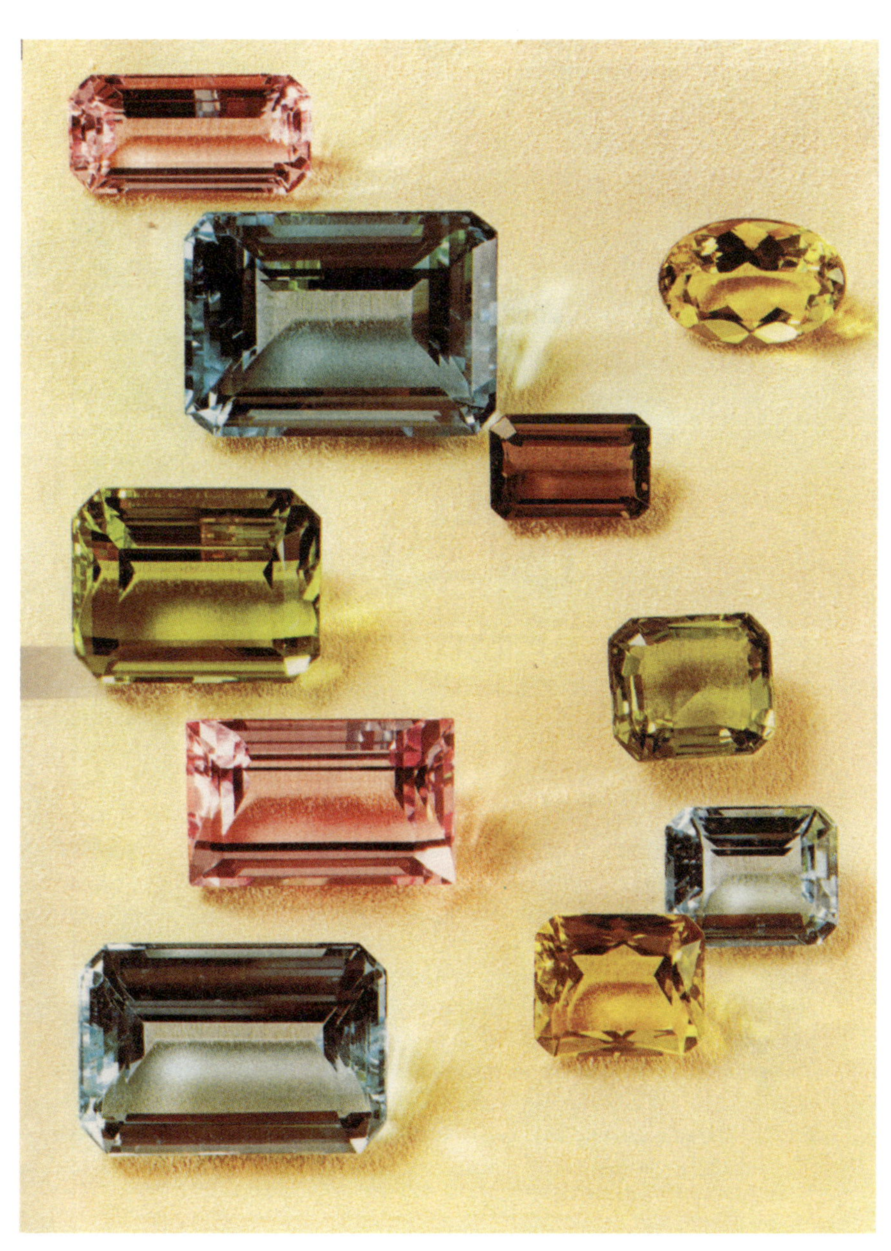

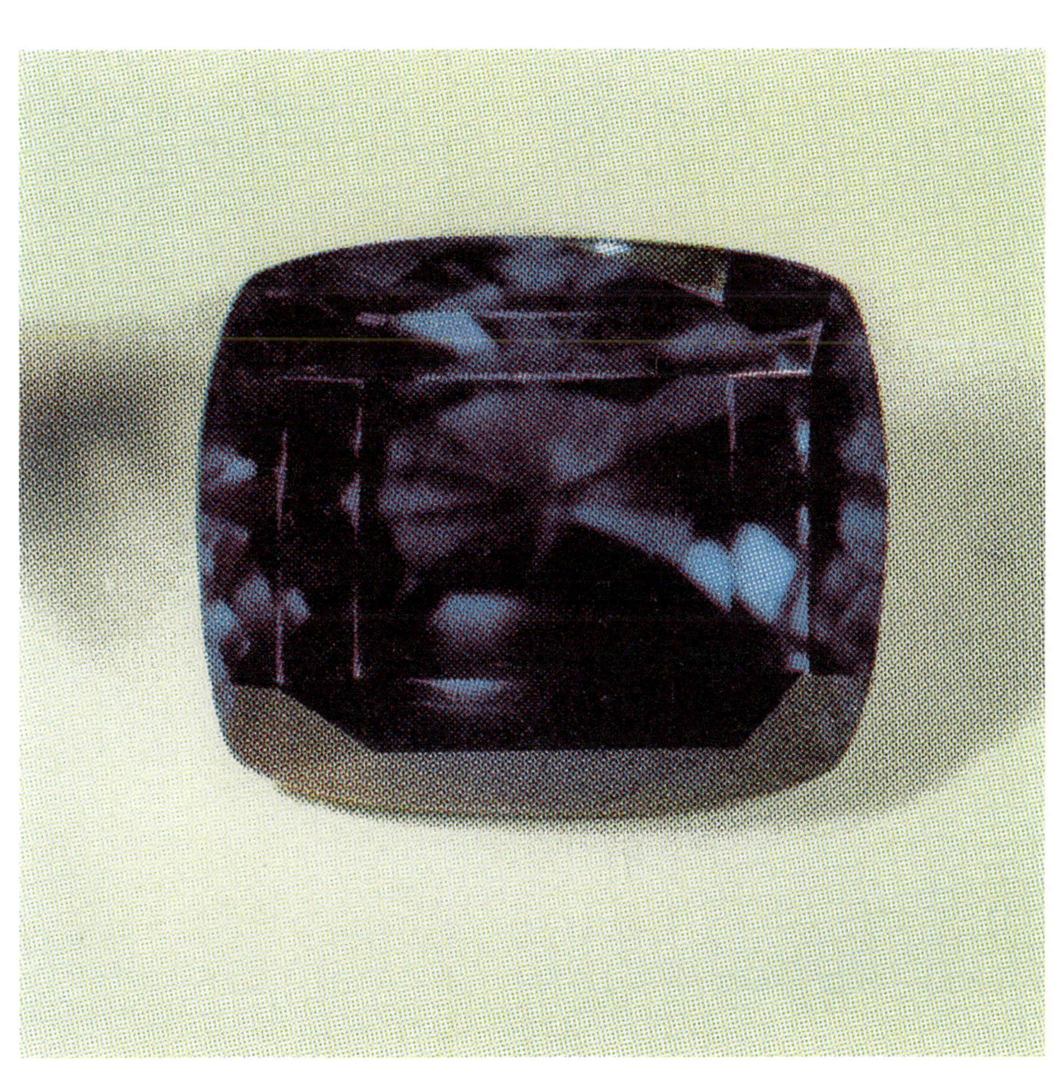

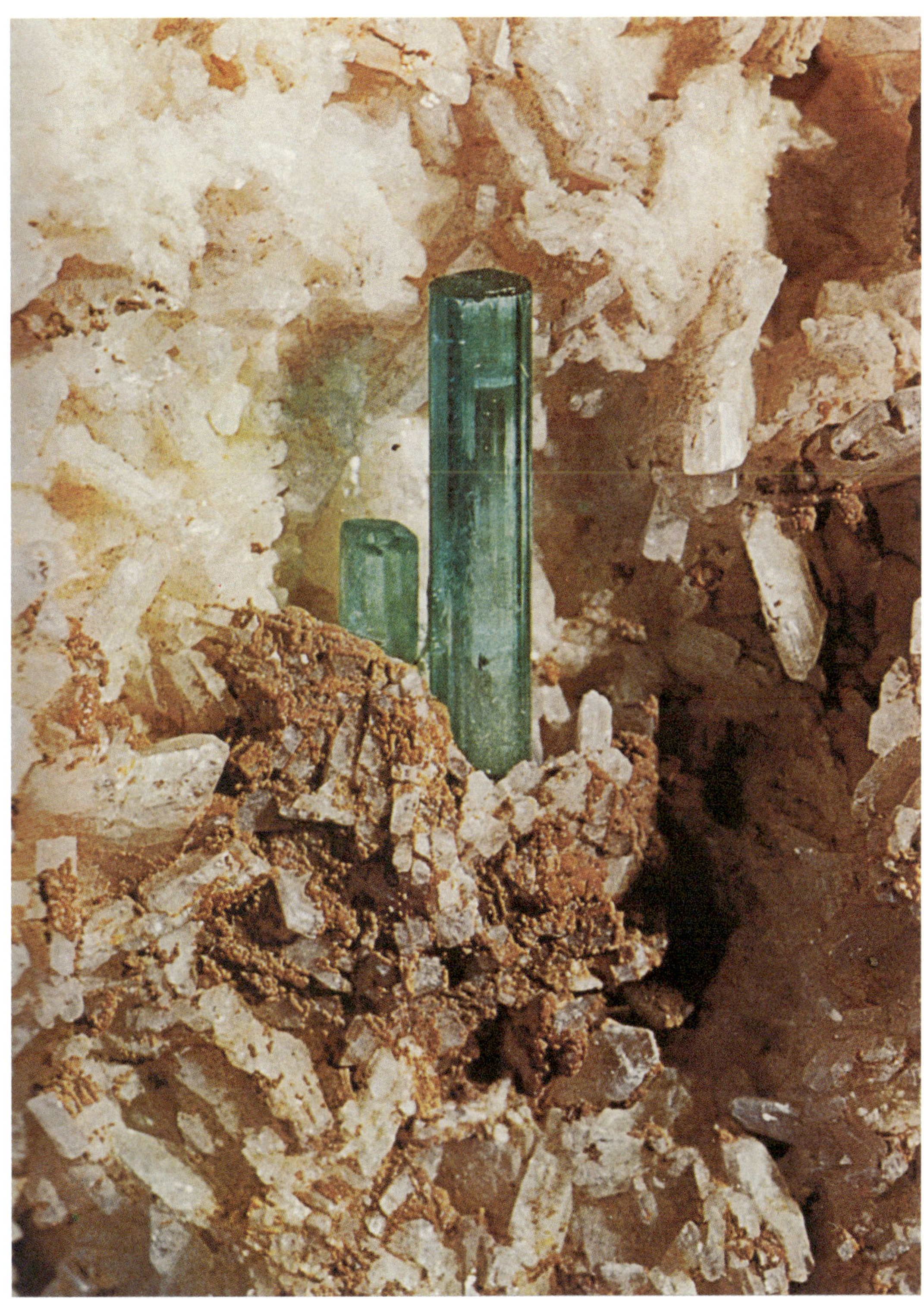

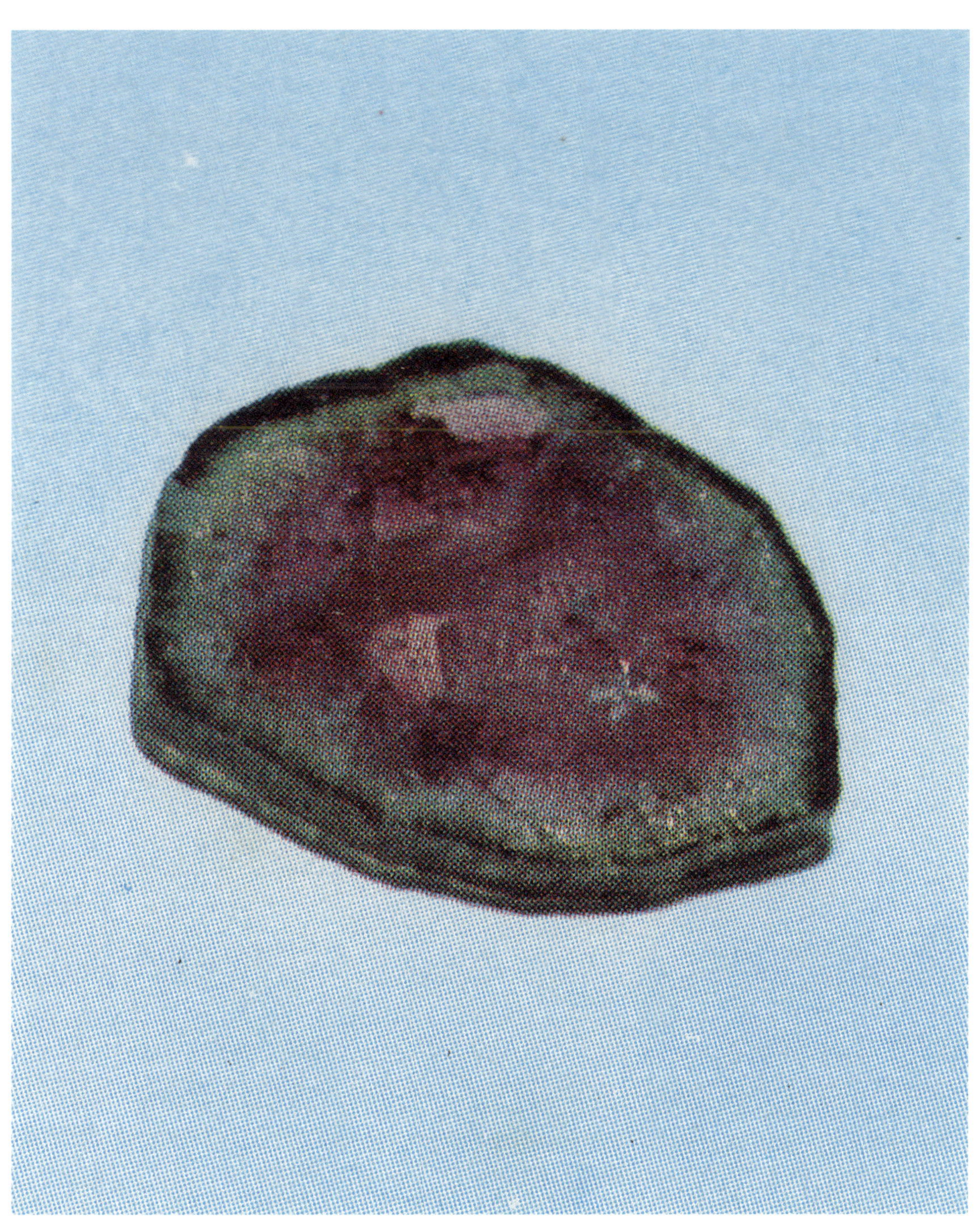

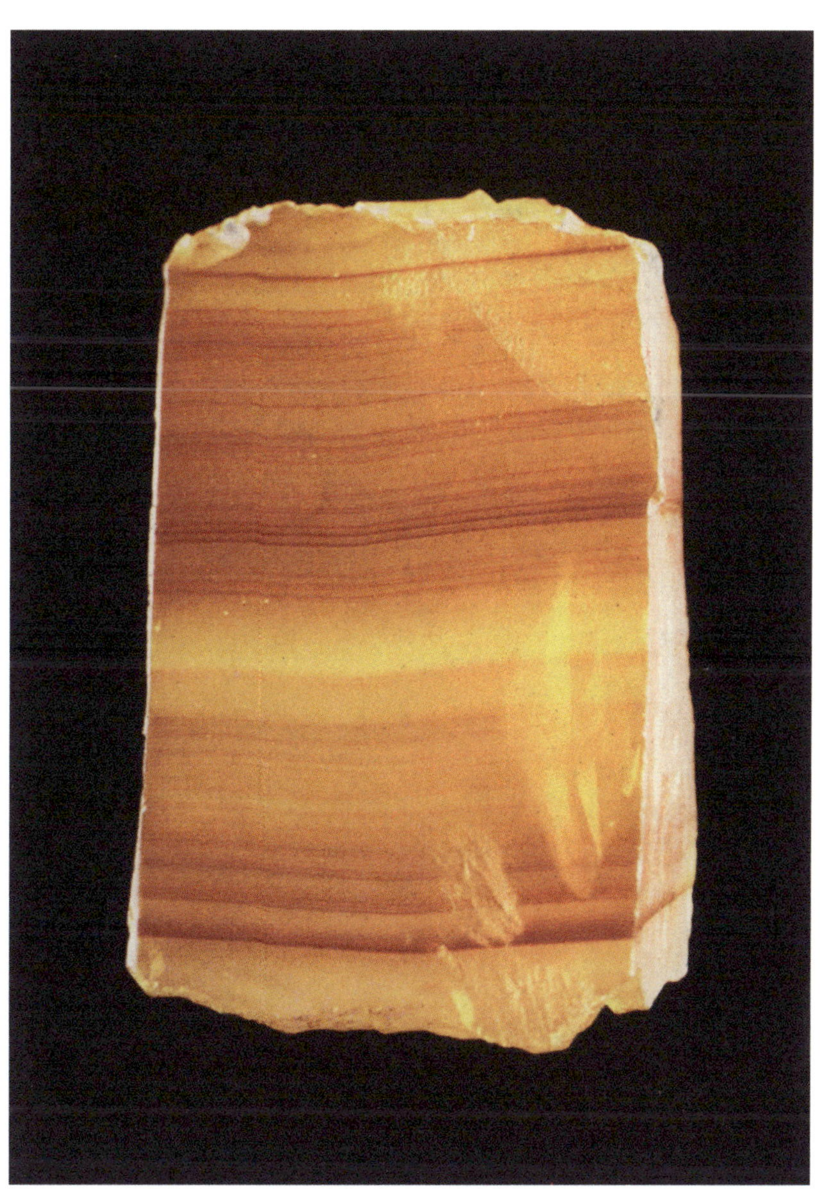

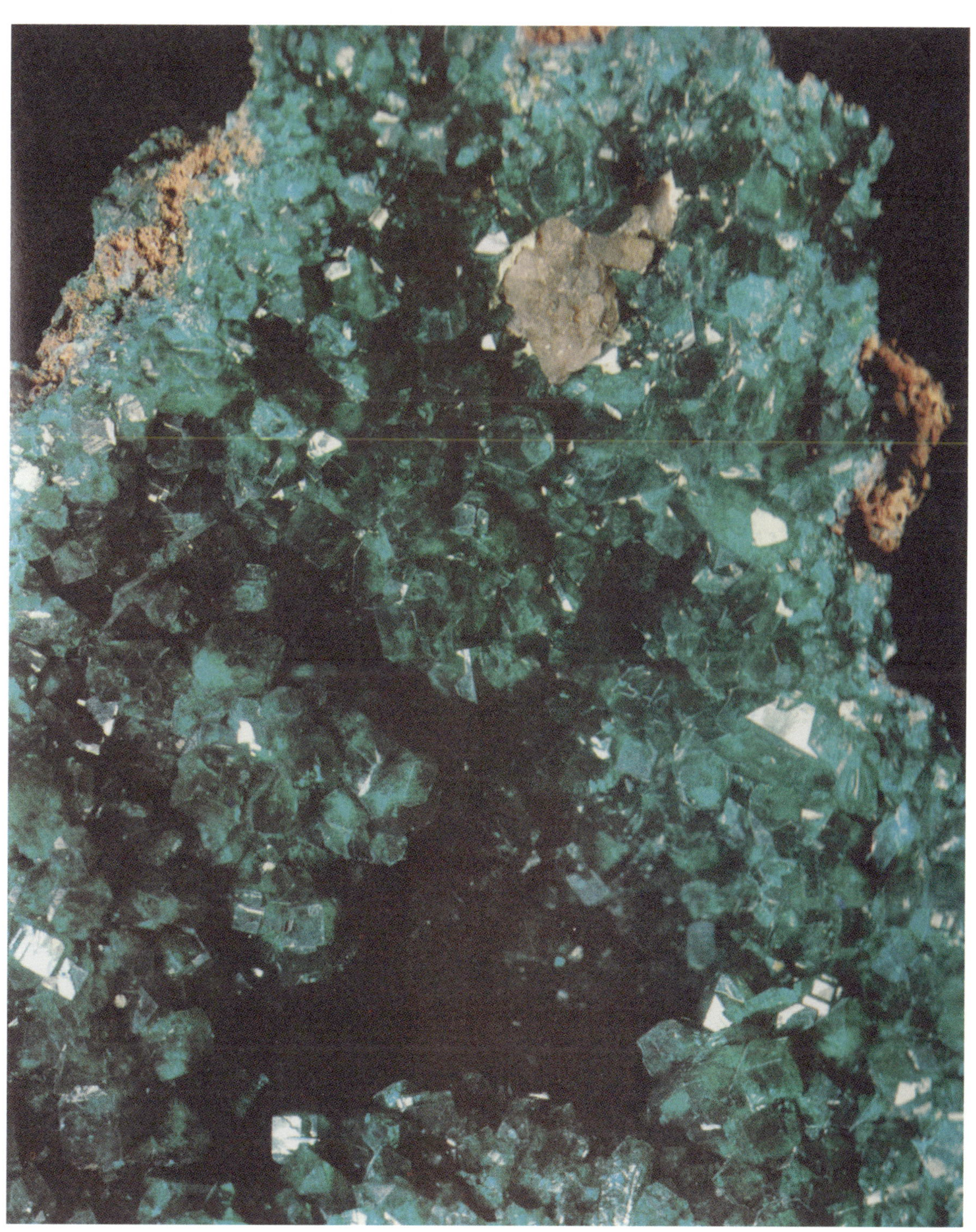

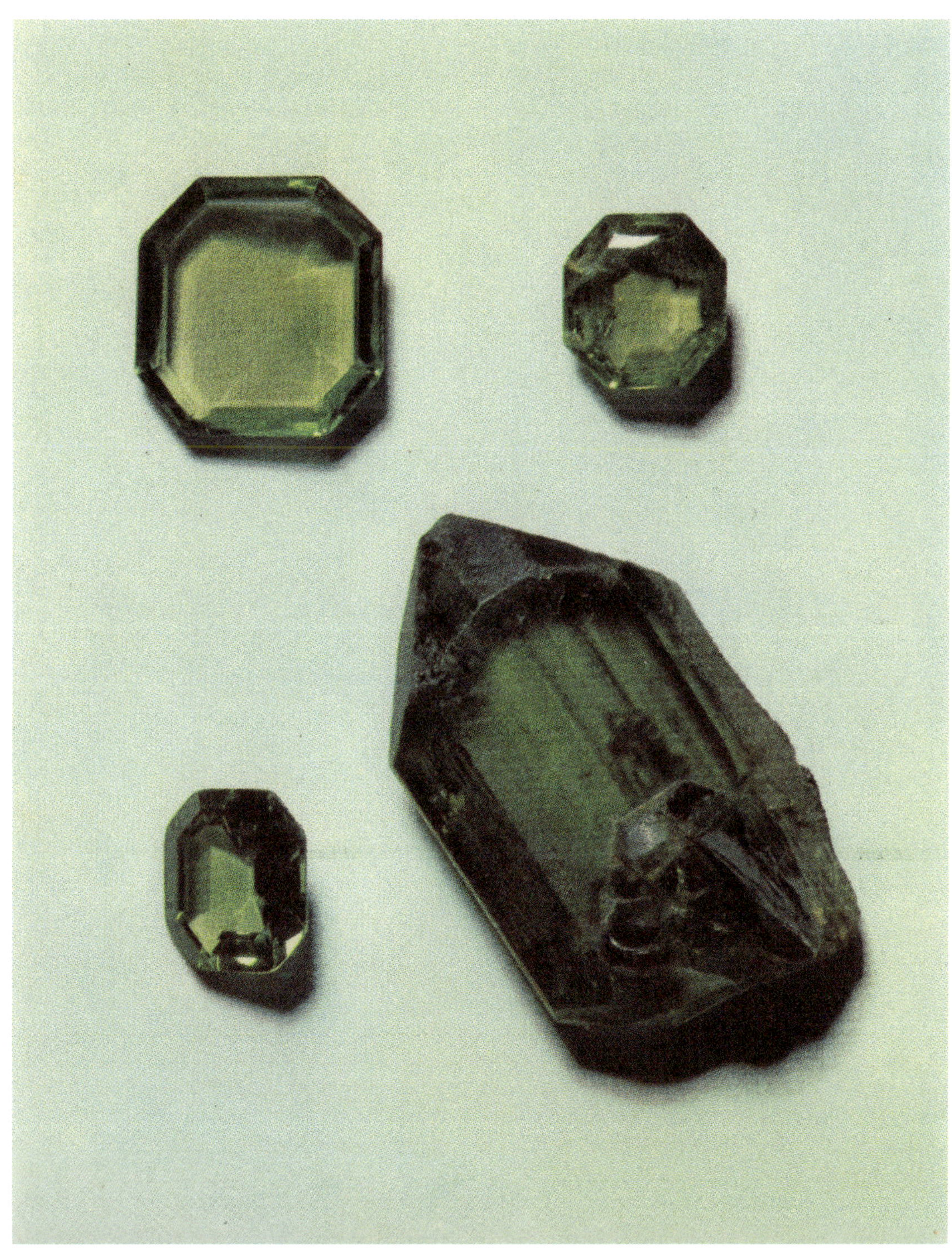

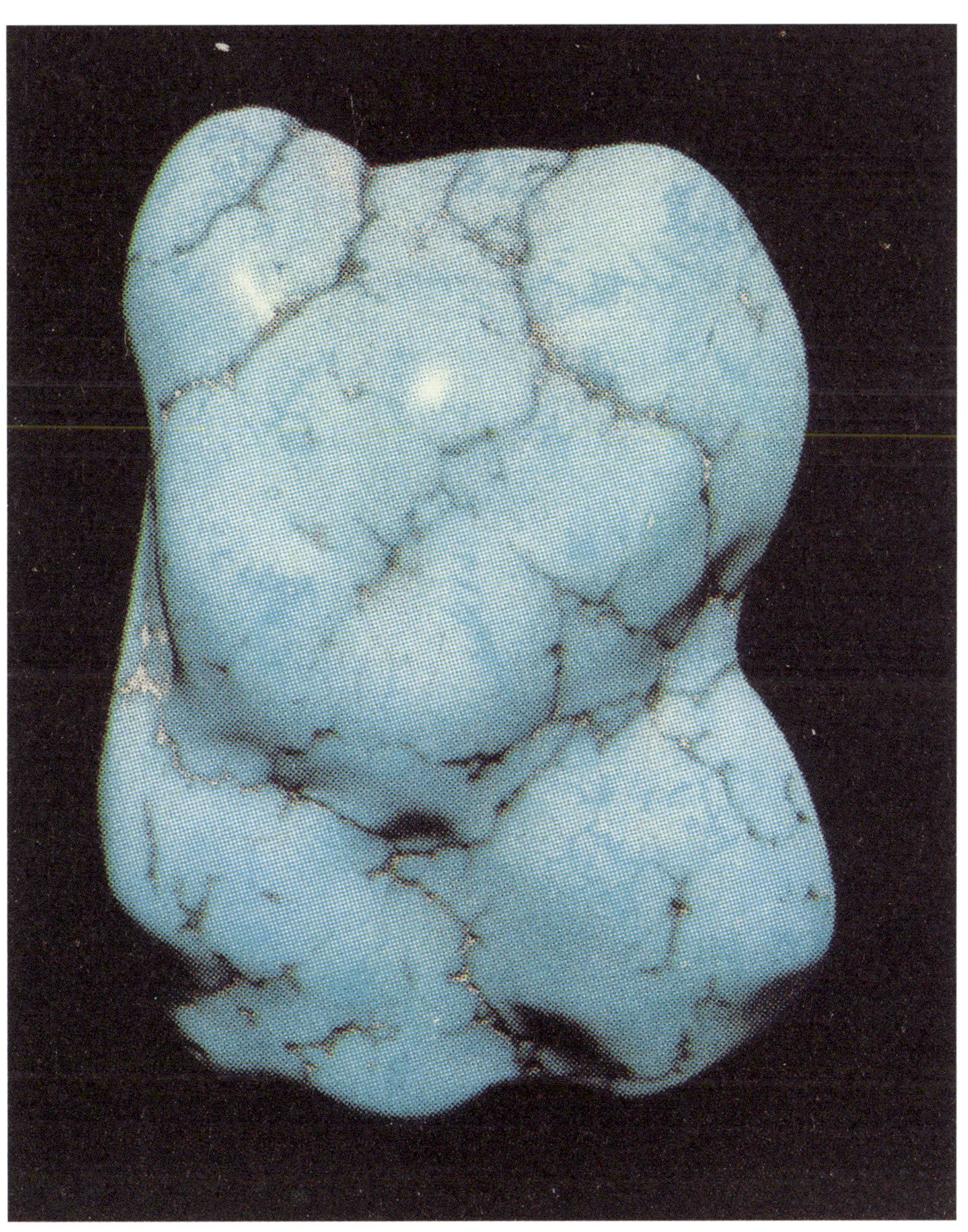

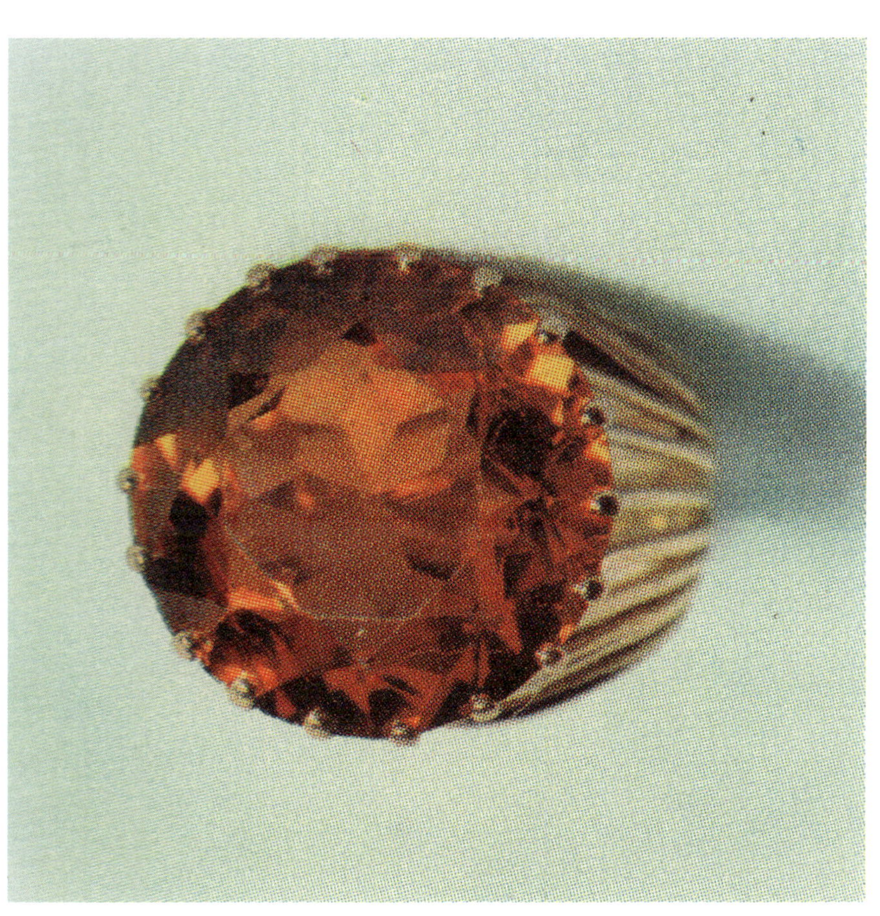

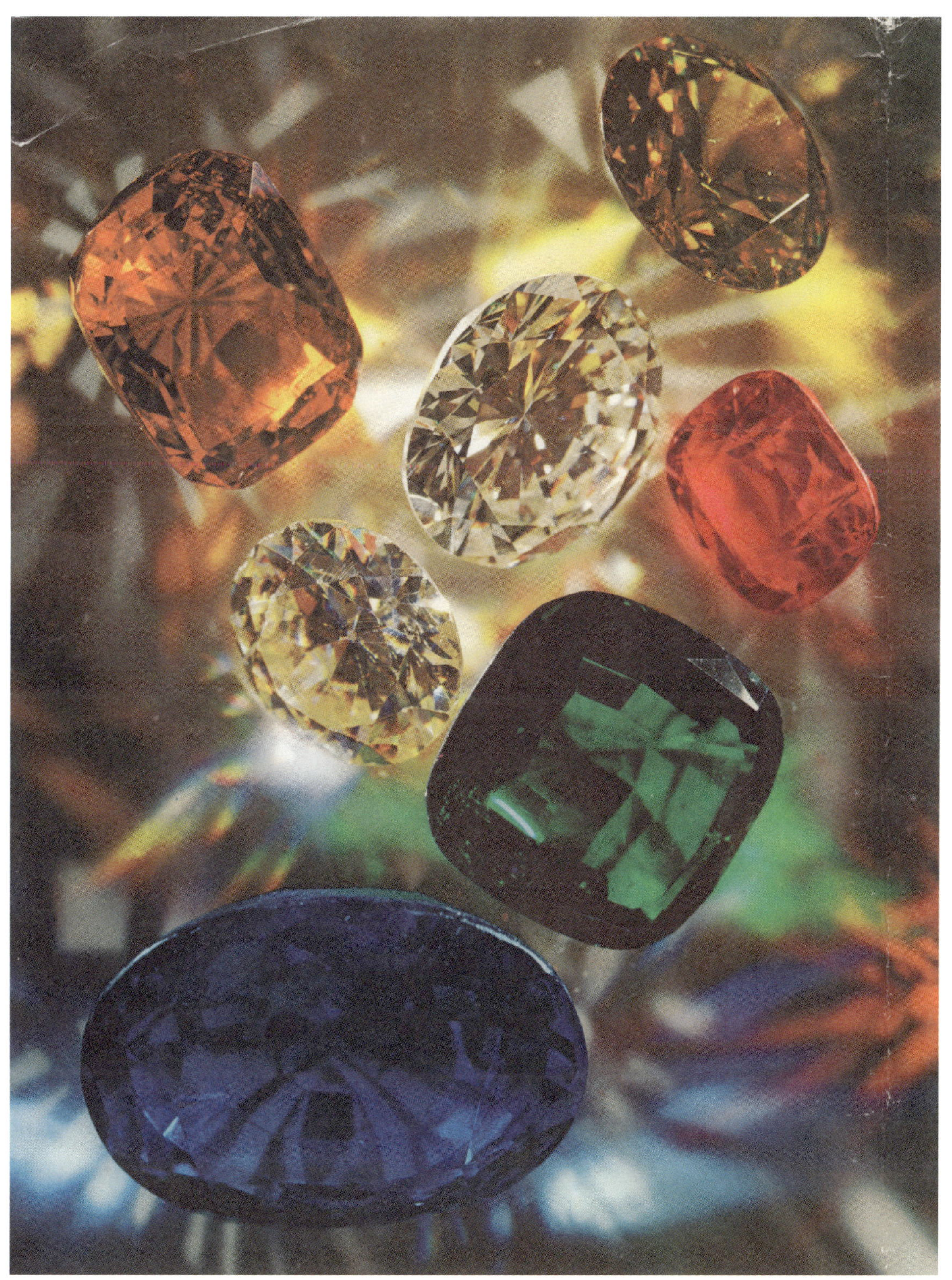

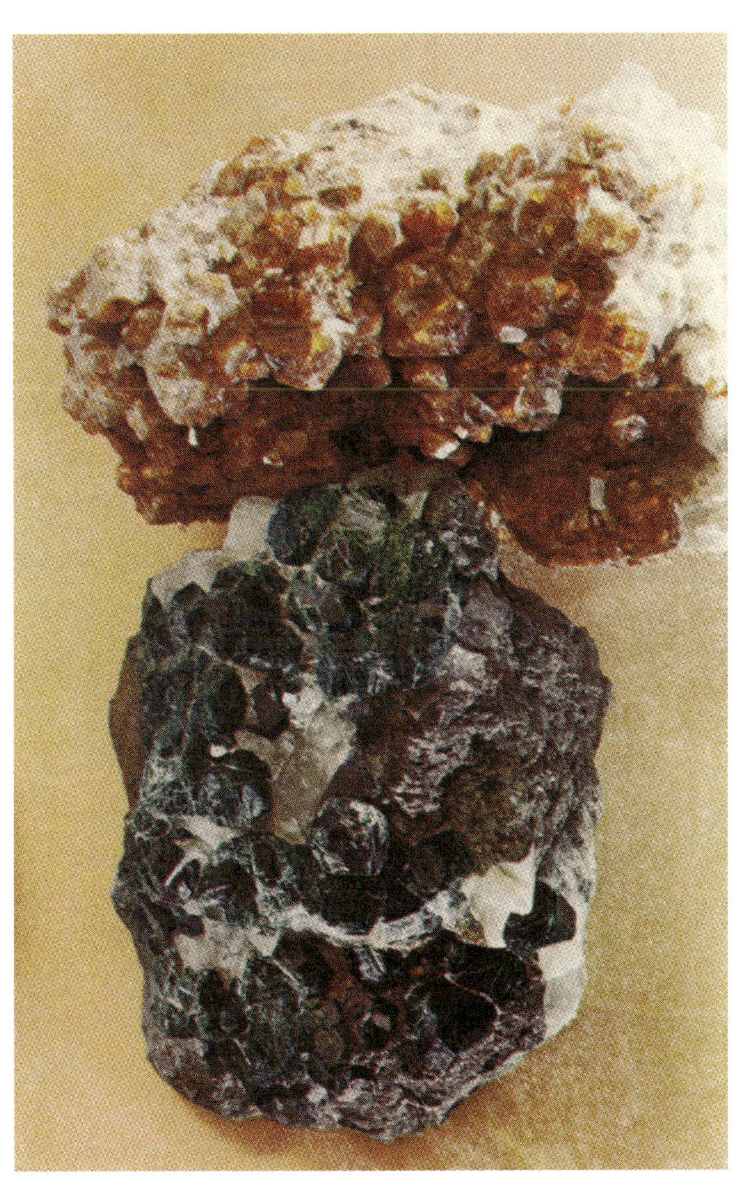

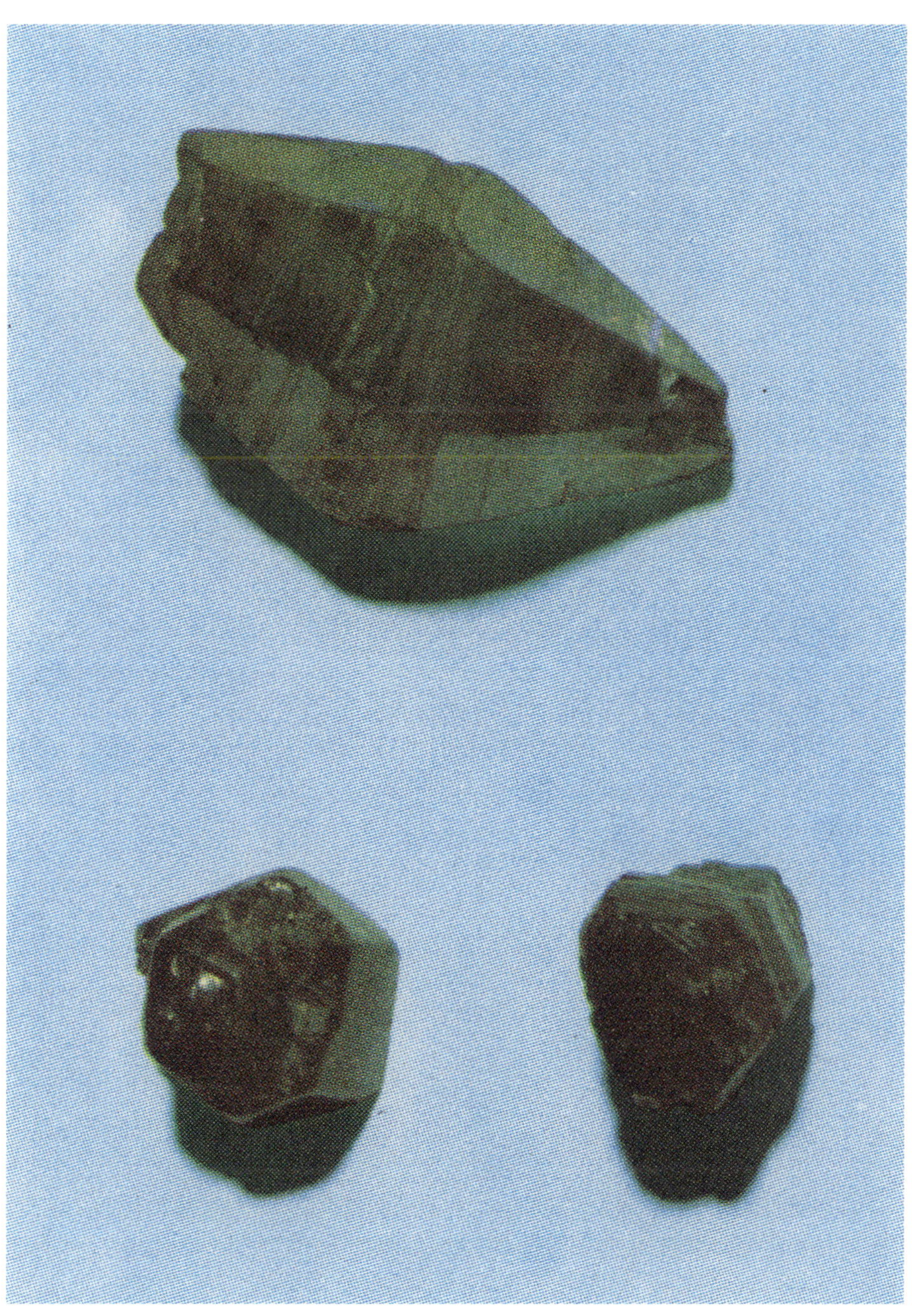

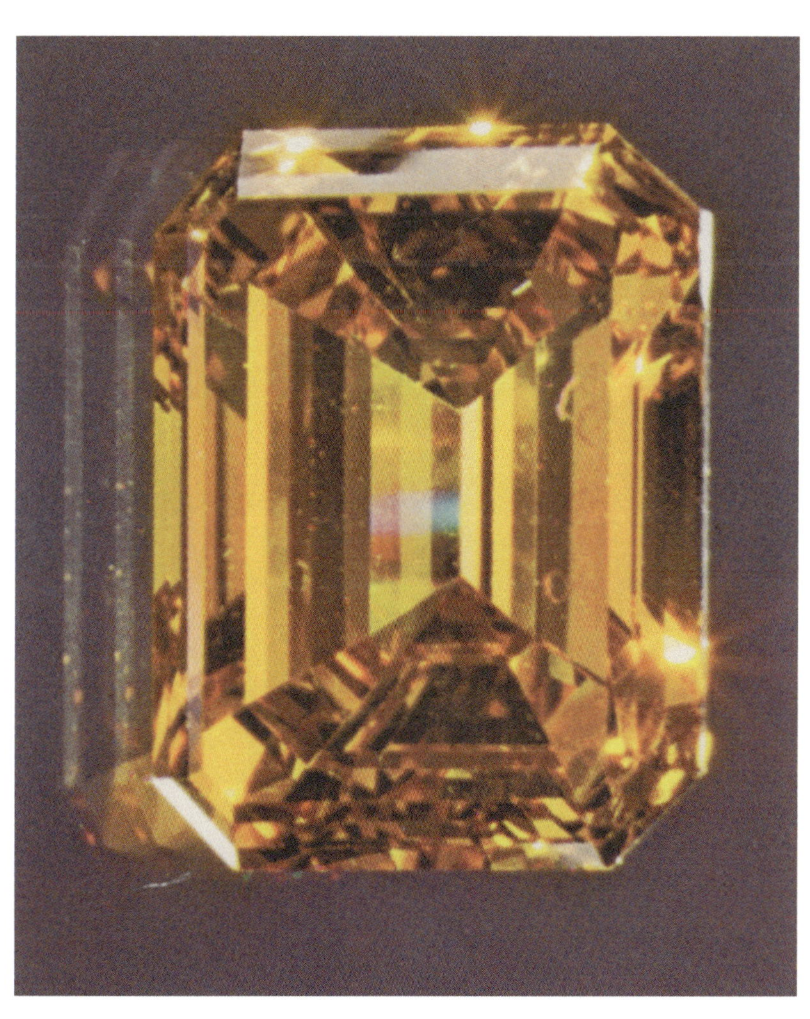

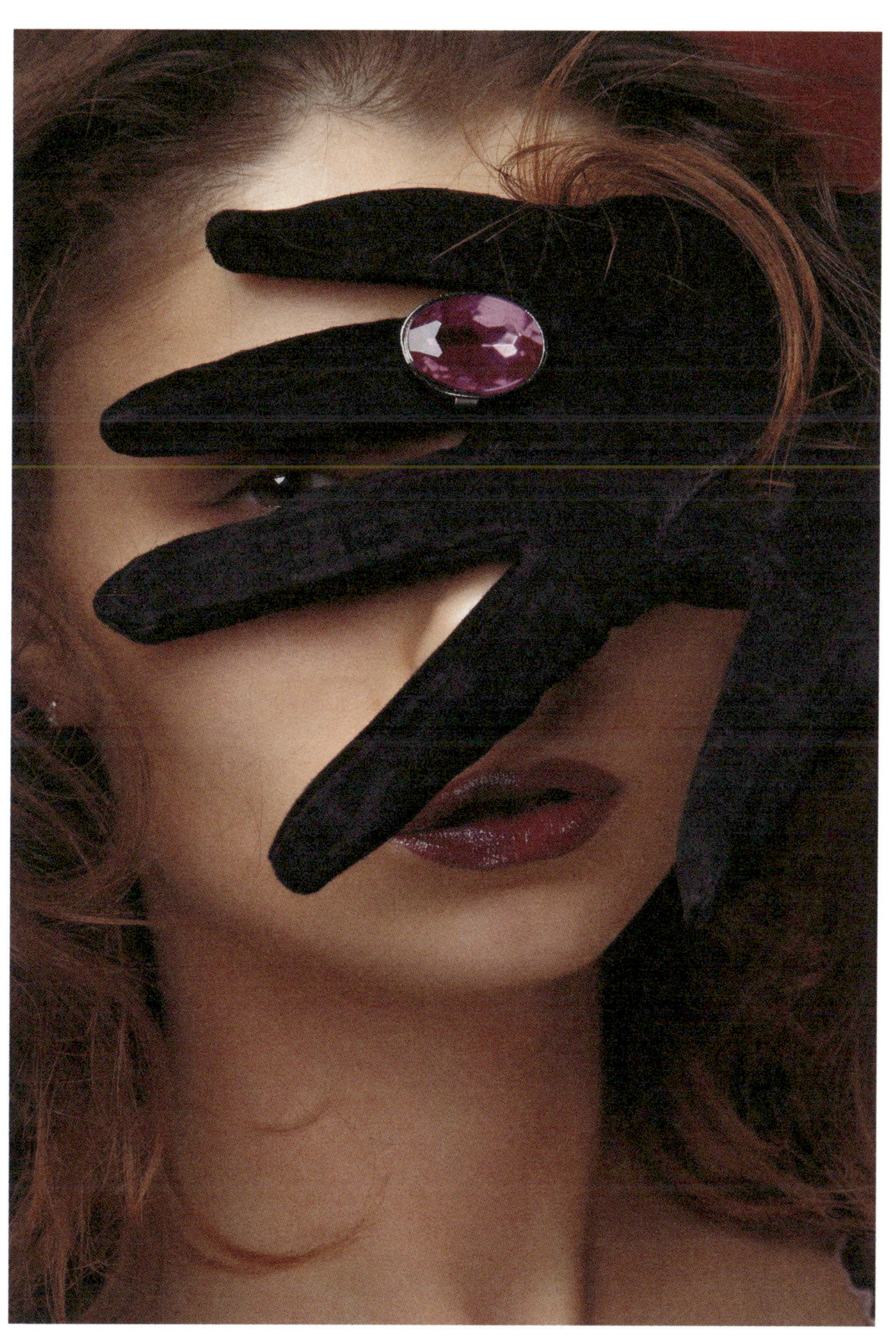

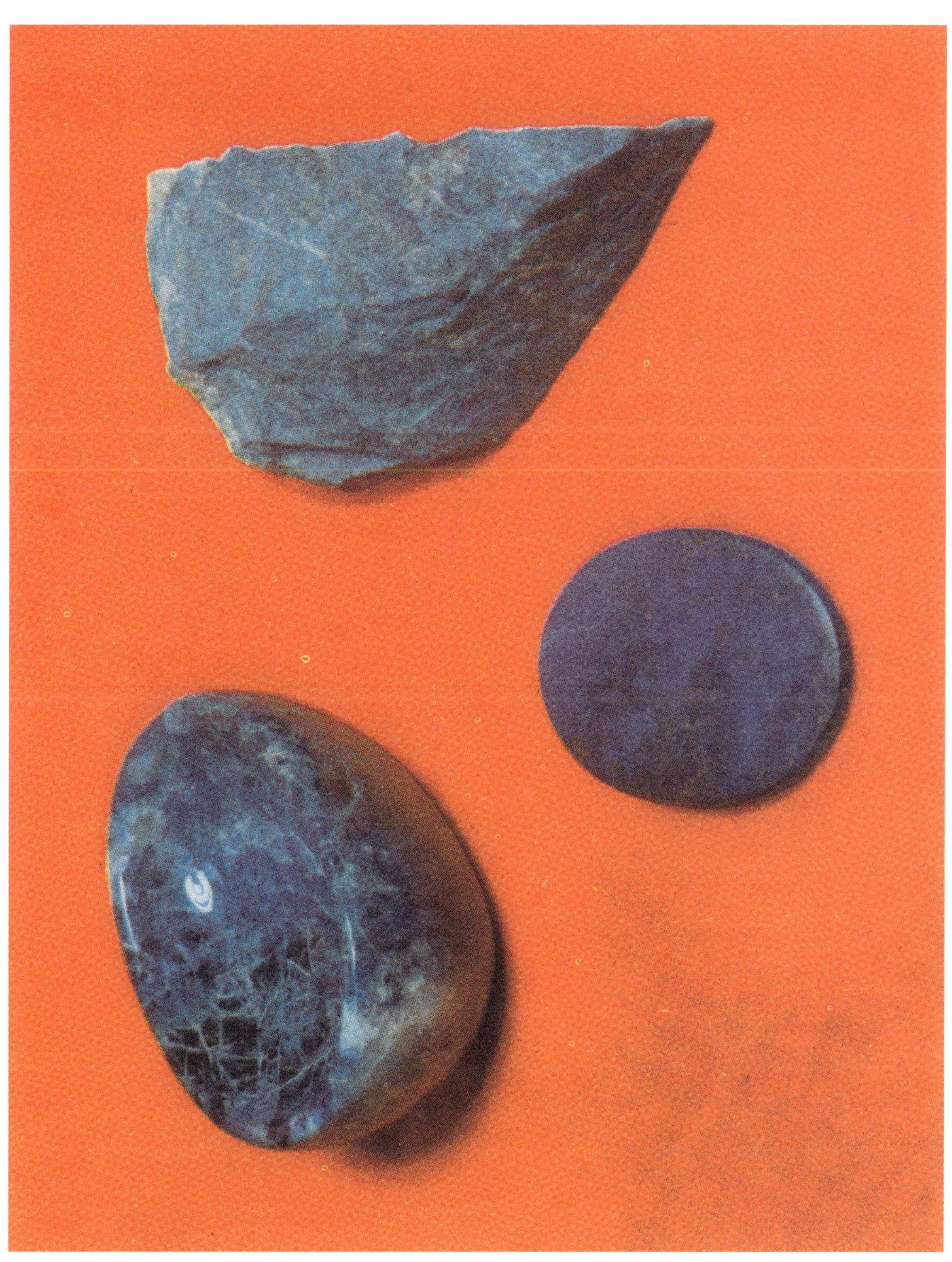

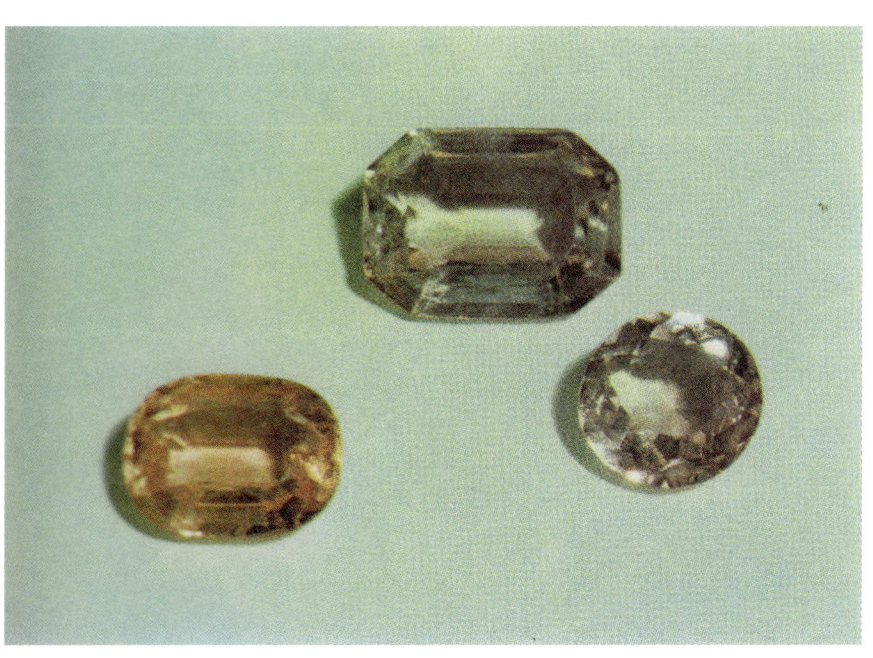

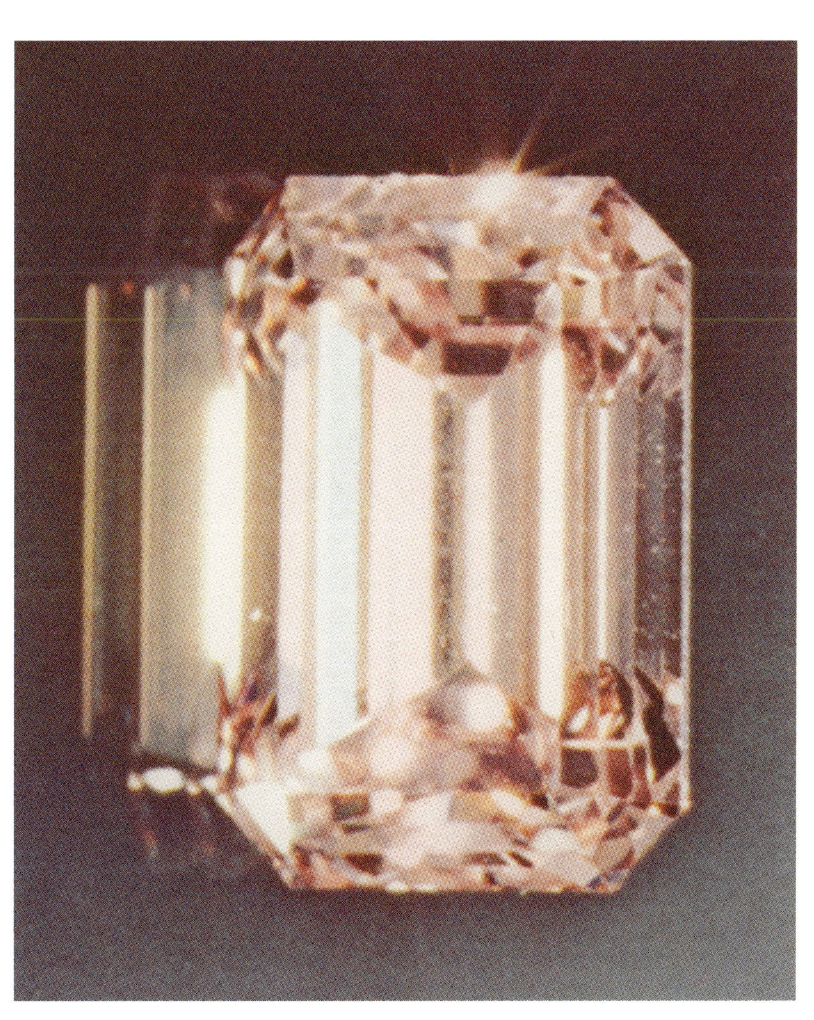

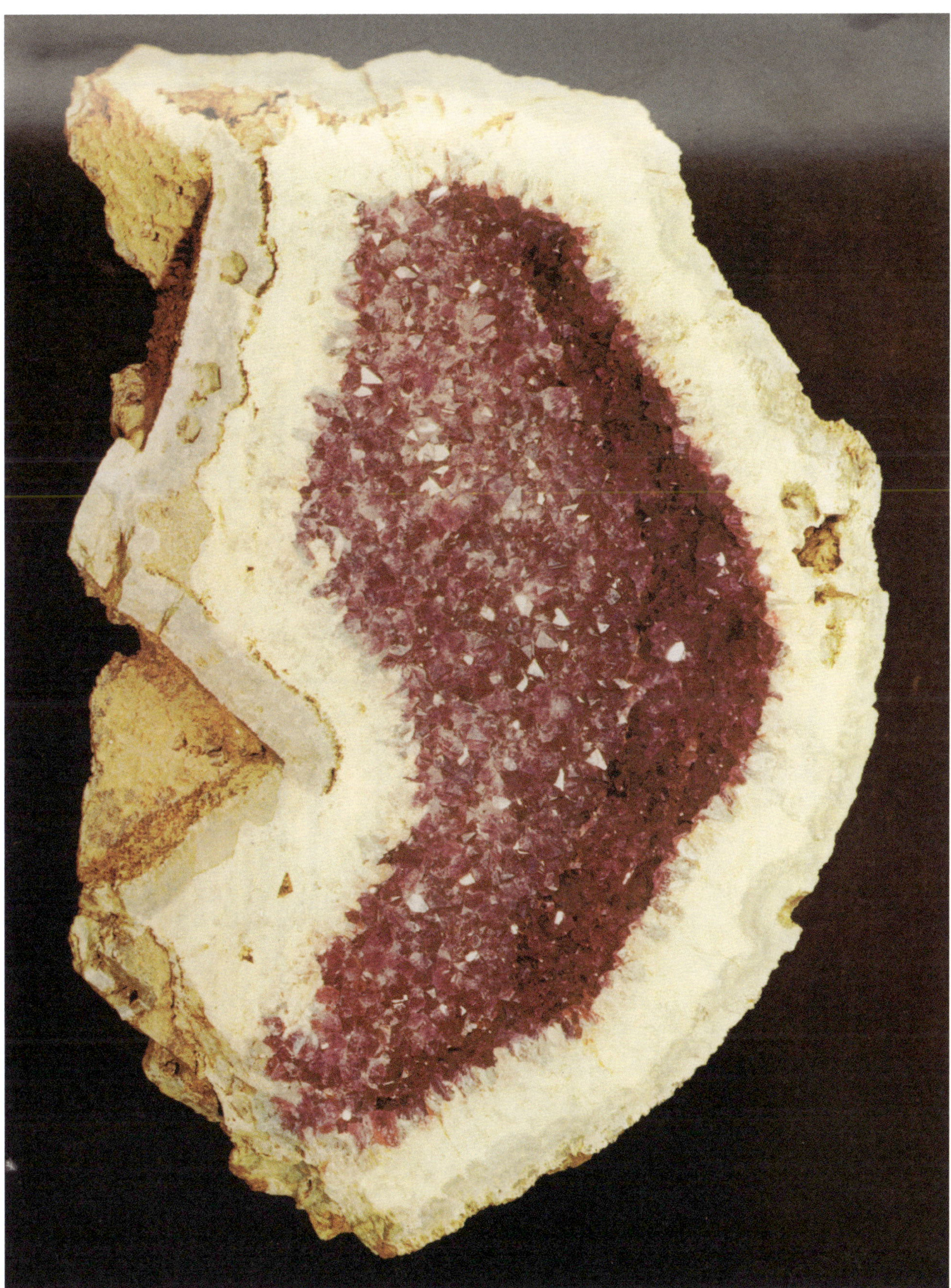

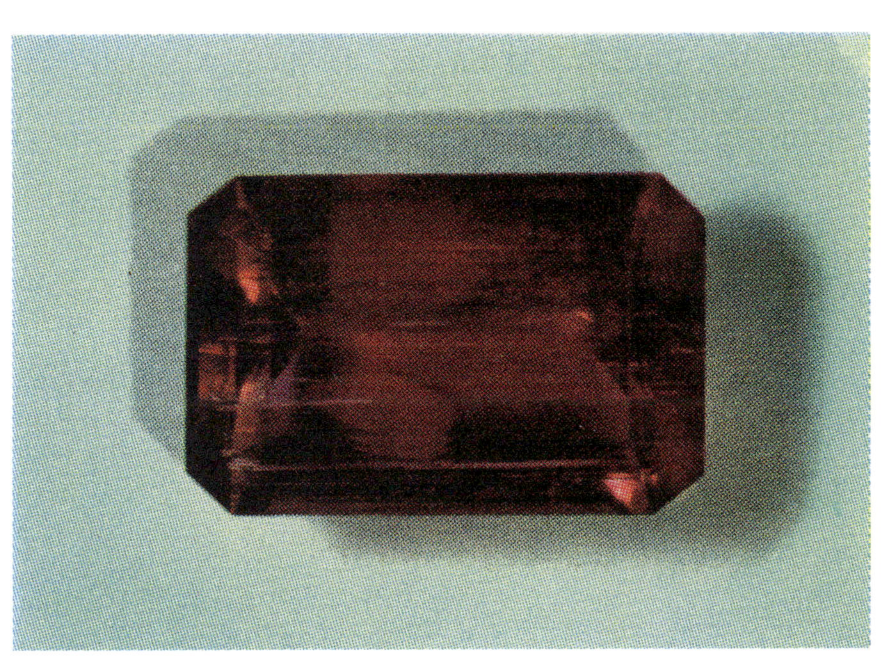

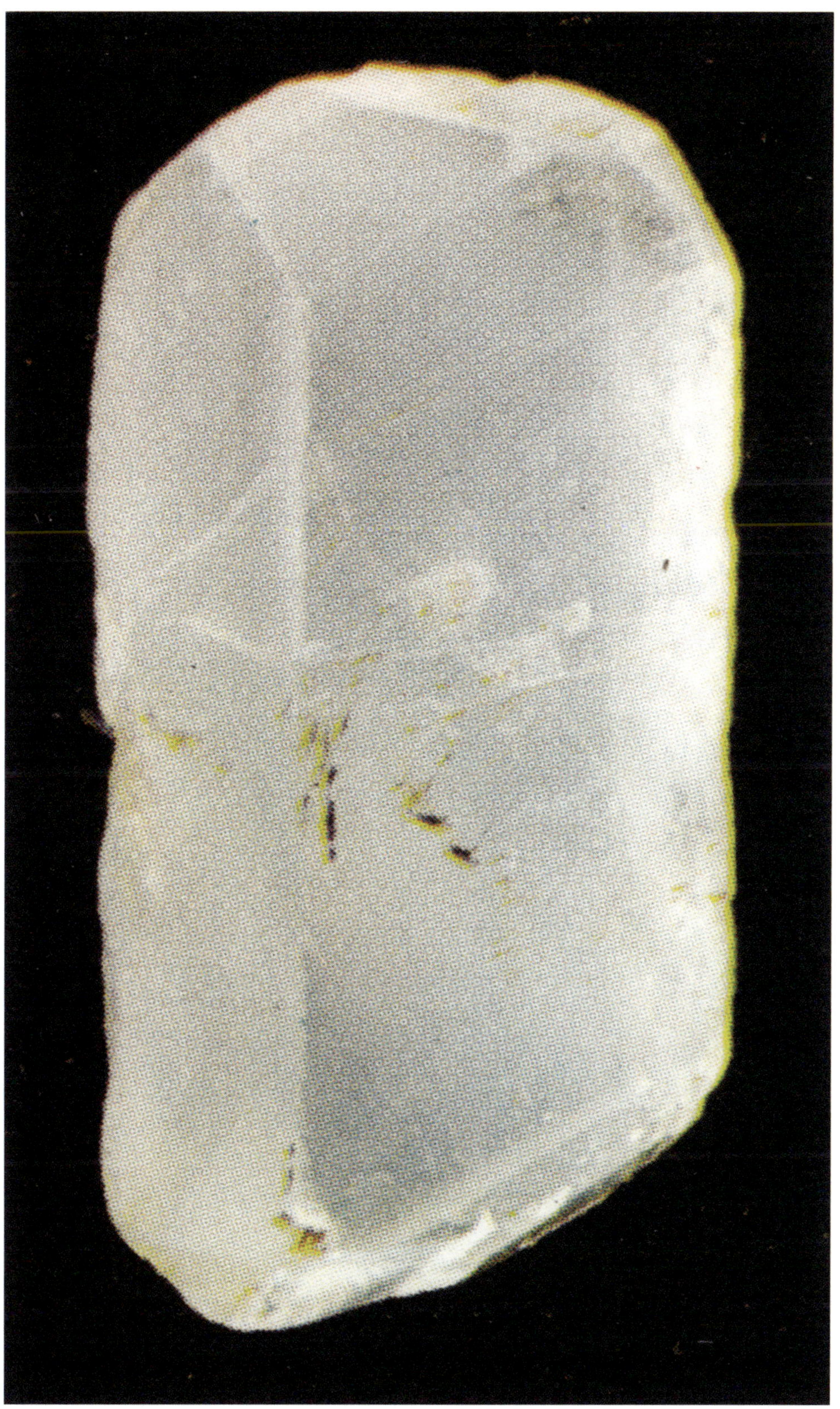